高手回话

张永芳 范晓燕 ◎编著

中国纺织出版社有限公司

内容提要

日常生活中,我们每个人都免不了与人说话,说话包括发话和回话,有很多人因为不会回话而得罪人,或者回了不该说的话让人难堪。实际上,无论是谁,都要学习如何通过回话来拒绝他人、反击他人的挑衅、避开他人的纠缠等,掌握回话的技巧,你的工作和生活一定会大有改观。

本书是一本万能接话秘籍,它从口才的角度,以"回话"为主线,教会我们如何直面各种情境,如何与各种性格、身份的人更好地沟通。阅读本书,相信你能很快提升自己的沟通能力,进而让生活更美好。

图书在版编目(CIP)数据

高手回话 / 张永芳,范晓燕编著. -- 北京:中国纺织出版社有限公司,2025. 4. -- ISBN 978-7-5229-2539-4

Ⅰ. C912.11-49

中国国家版本馆CIP数据核字第2025AA8553号

责任编辑:李 杨　　责任校对:高 涵　　责任印制:储志伟

中国纺织出版社有限公司出版发行
地址:北京市朝阳区百子湾东里A407号楼　邮政编码:100124
销售电话:010—67004422　传真:010—87155801
http://www.c-textilep.com
中国纺织出版社天猫旗舰店
官方微博 http://weibo.com/2119887771
德富泰(唐山)印务有限公司印刷　各地新华书店经销
2025年4月第1版第1次印刷
开本:880×1230　1/32　印张:6
字数:170千字　定价:58.00元

凡购本书,如有缺页、倒页、脱页,由本社图书营销中心调换

前言

我们都知道,人与人之间沟通的主要媒介就是语言,会不会说话在社交中显得十分重要。在西方,有位哲人说过:"世间有一种成就可以使人很快完成伟业,并获得世人的认可,那就是说话令人喜悦的能力。"这也强调了口才的重要性。而当今社会,口才更是我们每一个人都必须要掌握的一项基本的生存技能,是决定一个人做事成败的关键因素。

然而,会说话并不代表会回话。会说话是优势,会回话才是本事!在对一个人口才的考量中,重要的标准之一就是回话的能力。

的确,不管是在日常生活中,还是在紧张的学习、工作生涯中,每个人都难以避免地要与他人聊天,如何在聊天中成功回话,才是口才好坏的最重要体现。

在与人沟通中,当你遇到难缠的话题,如何回避?当你遇到无理的挑衅,如何回击?当上司交给你不想做的事情,如何回绝?当遇到刁钻的提问,该如何回答?……这些都考验着你回话的技巧。

回话是一门语言艺术,是沟通的关键组成部分。沟通中少不了问话和回话,甚至可以说,一问一答的形式贯穿了整个沟通的过程。

有人说,当今社会不缺乏提出问题的人,而缺乏能回答问题、解决问题的人。无论是在生活中，还是在工作中，都是如此。提出问题只是开始，能否完美地解决问题才是关键，无论你是否承认，真正能解决问题的人才是当今社会最稀缺的人才。而回话就是一种重要的解决问题的能力：面试中，如果你能更巧妙地回答面试官的问题，你就会更容易获得工作机会；工作中，如果你更善于回答领导的问题，你就会获得更大的晋升机会；爱情中，如果你更善于回答异性的问题，你就会更容易"脱单"……回答是一门语言的艺术，谁能掌握并熟练运用高超的回话思维和技巧，谁就掌握了成功的捷径。

可能有些人会好奇，如何掌握回话的技巧呢？其实，回答问题真的没有那么难，你只需找到提升回话能力的捷径。而本书就是这样一本帮助人们提升回话能力的工具书。它围绕"回话"展开，结合生活、工作中的常见问题，以精练生动的语言，配以丰富典型的案例，全面剖析了回话时我们应该掌握的技巧和思维模式。阅读本书，相信广大读者朋友能在短时间内学会各种回话技巧，极大地提升自己的回话能力，进而能游刃有余地应对各种场景。

编著者

2024年10月

目录

第1章
回话是一门功夫：好的回话让你开口就赢

及时回应他人，别让对方唱独角戏 - 002

回话，不是简单重复，有效反馈才能连接彼此 - 003

回话前，要摸清对方的脾气秉性 - 006

了解对方的知识水平，才能避免"鸡同鸭讲" - 008

回话，要先了解对方的身份地位 - 010

回话不可千篇一律，要为对方"量身定制" - 011

第2章
掌握这些技巧，谁都愿意和你聊

别再说客套话了，真诚才是回话的"必杀技" - 016

回话要开门见山，拒绝铺垫与空话 - 017

别做个话痨，好感都毁在"喋喋不休" - 019

回话涉及自己的长处，一定要谦虚 - 022

从容回话，切忌不懂装懂造成尴尬 - 024

第3章
听懂话外之音：这样倾听，让回话直击人心

别急着抢答，先要认真倾听 - 028
用耳更要用心，真正理解问题的含义 - 030
了解对方的提问动机，才能在回答时有针对性 - 032
先认真听完对方的话，是一种基本的尊重 - 034
唯有认真倾听，才能找出蕴藏于问题中的答案 - 037

第4章
回话有章法：逻辑清晰，让你的回答滴水不漏

回话有逻辑，才能保证沟通效果 - 040
三思而后答，全面衡量才能避免失言 - 042
回话既要尊重事实，又要考虑对方感受 - 044
好坏消息同时出现，告知顺序也很重要 - 046
结论先行，用倒叙进行汇报 - 048
大事化小还是小题大作，回话策略要适宜 - 050

第5章
用事实说话，让你的回话更有信服力

站在对方角度看问题，激发共鸣才能事半功倍 - 054

少说"你",多说"我",建立亲近感 - 056

回话时把话说到点子上,切忌绕圈子 - 058

打比方、摆事实,能让说服更有力 - 060

好钢用到刀刃上,一句能顶一万句 - 062

第6章
激活你的思维,巧妙利用回话掌握对话主动权

巧用对比,让你的表达效果翻倍 - 066

说服力不够?不如让数据说话 - 068

反向思维,与其说利益不如说弊端 - 069

比喻,让你在回话时的表达更绚丽 - 071

晦涩难懂的问题,运用打比方更易让人理解 - 073

开开玩笑,让谈话氛围更轻松 - 075

第7章
转换思路,柳暗花明,棘手问题也能轻松拿下

发散性思维,让提问者出乎意料 - 078

避重就轻,有效地避开锋芒 - 079

反守为攻,适时把问题抛给对方 - 081

意见相左,也不必硬碰硬 - 083

随机应变,灵活调整,让难题迎刃而解 - 084

立场坚定，才有强大的说服力 - 086

第 8 章
面对客户，学点高情商回话术，自信从容应对难题

巧妙回话，才能引导客户思维 - 090

客户嫌贵，这样回答让他觉得物超所值 - 092

客户投诉和质疑？别慌，这样化解危机 - 094

客户提出无理要求，如何回绝才不失礼貌 - 097

认真思考，回话时才能避开思维误区 - 099

第 9 章
对话领导，这样说话帮你快速赢得赏识

回领导话，一定要及时 - 102

回上司话，不可长篇大论 - 103

倾听领导说话，要以表情辅助回应 - 105

巧用疑问句，激发领导表达欲 - 107

第 10 章
敏感话题，巧妙化解避免陷入被动

贵在真诚，用心回答恋人的问题 - 110

越是容易回答的问题，越是容易出现错误 - 112

反问法，把难题重新抛给对方 - 114

大智若愚，有些问题不妨装装糊涂 - 115

巧用类比，让你的表达更易被理解 - 116

119 第 11 章
幽默加持，魅力倍增，让你的回话趣味横生

掌握幽默，快速"破冰"助你轻松打开局面 - 120

施展幽默，让交流充满无尽的欢乐 - 121

以幽默推进交流，直抵他人内心 - 123

自嘲，是最高级的幽默 - 125

幽默言辞，能化解尴尬窘境 - 126

129 第 12 章
调转话头，掌握节奏回话也能反客为主

要想把回话回好，先把情绪调整好 - 130

偶尔装装傻，用无效回答保全颜面 - 132

巧妙利用停顿，更到位地表情达意 - 134

设置悬念，让对方忍不住听你说下去 - 135

以退为进，适时收起唇枪舌剑 - 137

展现你的胸怀和气度，别得理不饶人 - 139

第 13 章
无声胜有声，别让肢体语言泄露你的心声

调整自身的肢体语言，为你的回话加分 - 142

把握好音量，才能在回话时坦然大方 - 145

回话时，要重视自己的语调 - 146

回话要根据不同的对象，选择不同的语速 - 148

高明者不会急于回话，而是先洞悉对方的眼神 - 150

为回话注入情感，避免让交流冷冰冰 - 152

第 14 章
避开雷区，优雅拒绝，学会"说不"的艺术

拒绝要讲究方式方法，才不至于尴尬 - 156

问题不便回答？转移话题，巧妙脱身 - 158

以子之矛攻子之盾的回答，给对方有力的回击 - 160

拒绝他人要以情动人，让对方感受到你的情义 - 161

借助第三方之口，是一种很好的拒绝方式 - 163

给对方戴个高帽再拒绝，照顾对方情绪 - 165

第 15 章
顺势而为，引导对方心甘情愿按你的思路走

巧妙暗示，让对方不知不觉按照你的指引做选择 - 170

曲径通幽，一步步让对方接纳 - 172

以退为进，运用迂回策略说服对方 - 174

掌控全局，引导对方认可我们的观点 - 177

参考文献 - 179

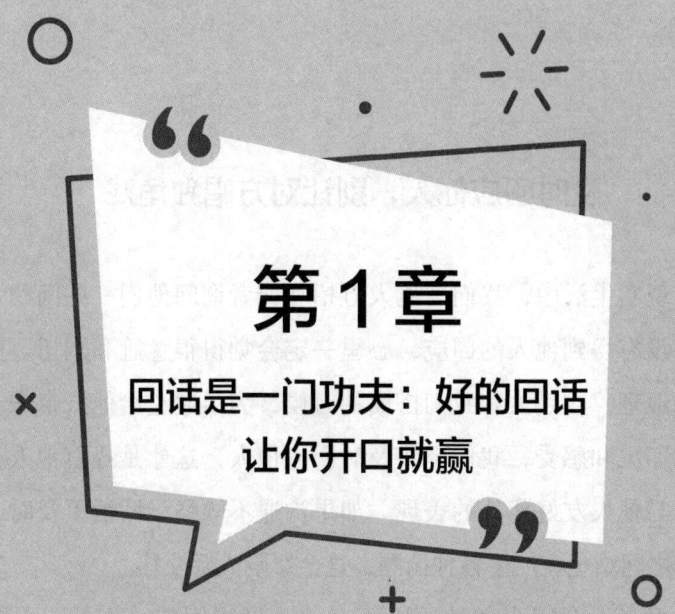

第 1 章

回话是一门功夫：好的回话让你开口就赢

及时回应他人，别让对方唱独角戏

现实生活中，我们与他人打招呼或者询问他们一些问题，如果没有得到他人的回应，心里一定会觉得很尴尬和别扭。同样的道理，在别人和我们搭讪的时候，为了避免给他人带来不好的印象和感受，我们也要及时回应他人，这才是尊重他人且愿意与他人友好相处的表现。如果沟通不顺畅，回话不及时，人们之间难免会产生各种揣测，这会影响人际交往。

很多人会因为各种原因不对他人做出回应，有的人是故意冷漠对待他人，不愿意与他人产生交流，也有的人是因为不知道如何回应，为此延迟回应或者没有回应。还有一些父母在面对孩子的提问或求助时，因为抽不开身，也会忽视孩子的请求，不做出回应。殊不知，尤其是对于年幼的孩子而言，父母的毫无回应会使他们陷入绝望，也会导致他们未来在沟通方面遇到障碍。

奥地利精神病医生和心理学家弗洛伊德曾经在作品中讲过一个故事。有个三岁的男孩和阿姨一起待在陌生的房间里，因为无法忍受黑暗，他不停地喊着阿姨，要求阿姨和他说话。阿姨很不理解："我和你说话也没用啊，这里依然这么黑。"然而，男孩却说："你要和我说话，我会觉得有光。"

第1章
回话是一门功夫：好的回话让你开口就赢

由此可见，对于孩子而言，积极的回应就像是阳光一样能够驱散黑暗，能够让他们感受到温暖和抚慰。因此，明智的父母会积极地回应孩子，而不会总是把孩子丢在没有回应的黑暗中，也不会拒绝和孩子沟通交流。

当然，在成人的世界里，回应同样重要。回应是尊重，是信任，是理解，是安抚。这里所说的回应也许只是一个微笑、一个点头、一个会心的眼神，就足以让对方感受到我们的真诚和体谅，这也有助于我们与对方建立积极的联系和良好的互动。一定要积极回应他人，否则，我们与他人的沟通就无法顺畅进行，更无法取得积极的作用和效果。

在给他人回话的时候，要讲究方式方法，也要坚持几个原则。首先，要认真倾听他人的话，带有好奇心和热情，不要总是对他人爱搭不理。如果对于他人所说的话有不明白或者不理解的地方，还可以询问他人。其次，要带着欣赏的心态回话。很多人自以为知道很多，常常对他人的提问持有一副漫不经心的态度，或者对于他人所说的话不以为然。其实，要想更好地回话，就要发自内心尊重他人，给予他人更多的关注，这样才能把握回话的节奏，让回话效果更佳。

回话，不是简单重复，有效反馈才能连接彼此

任何沟通，都要建立在双向的基础上。简言之，沟通就是

别人发出信息，我们接受和理解信息，然后在此基础上发出信息，进行反馈。同样，我们反馈的信息对于他人而言正是需要接受和理解的。在这样循环往复的过程中，沟通才能持续进行下去，也才能起到更好的效果。

了解了沟通的过程，我们就会知道回话的重要作用。从本质上而言，回话正是我们在他人发出信息之后给予的反馈。如果没有回话，那么他人的信息到达我们这里，就会像是拳头打在棉花上一样非常疲软无力，也得不到任何回应。这样的单向沟通只会给人际相处埋下隐患，导致人际关系的发展不顺畅。

很多长辈和晚辈进行沟通的时候，往往不允许晚辈反驳长辈的话，或者顶撞长辈，只能毕恭毕敬地听从长辈训诫。在职场上，职位的等级也很严密，很多下属在和上司进行沟通时，只能听上司下达指令，而很少会把自己的所思所想或者一些好的计划和设想都表达出来。不得不说，这样的单向沟通模式，给长辈和晚辈之间、上司和下属之间的沟通都带来了极大的隐患，不知道什么时候大家就会因为沟通不顺畅而导致误解发生，从而使得各种事情无法顺利向前推进。

在公司的年会上，新人小牧一个人坐在角落里，不知道该做些什么，显得非常落寞。这个时候，有个老员工觉得累了，便也坐到小牧对面的沙发上。老员工和小牧搭讪："年轻人，新来的吗？"小牧点点头，反问："您一定是公司里的老员工吧！看起来，您就经验丰富，也有与众不同的气质。"接下来，老员工和小牧进行了攀谈。在此过程中，小牧一直在听老

第1章
回话是一门功夫：好的回话让你开口就赢

员工讲述公司发展过程中的很多趣闻轶事，也从老员工口中了解了公司里的重要管理层和好几个关键人物。每当老员工说到兴致高昂的时候，小牧都会点头微笑，也会情不自禁地竖起大拇指，甚至有的时候还会说一句"太厉害了"。这样一来，老员工得到回应，变得越来越健谈，不知不觉间居然和小牧说了一个多小时。直到年会结束，老员工才和小牧依依不舍地告别，并且问了小牧所在的部门，对小牧说："咱们后会有期！"

后来，小牧在工作中需要向这个老员工学习，老员工特别愿意对小牧倾囊相授。在老员工的鼎力帮助下，小牧承担的第一个重要项目就完成得非常好，得到了领导的一致认可与好评。

老员工为何如此喜欢小牧呢？在年会上，老员工和小牧只是第一次见面而已，对小牧根本没有了解。小牧之所以能够给老员工留下好印象，是因为他始终认真倾听和积极回应老员工。老员工呢，得到小牧的及时回应，感受到小牧的积极和用心，为此很认可和欣赏小牧，也愿意帮助小牧。

给他人回话，一定要采取正确的方式，这样才能起到事半功倍的效果。例如，可以随声附和他人的话，让他人觉得自己所说的一切都得到了积极回应，也得到了听话者的尊重；也可以积极地提出相关的问题，使交谈更加深入推进。此外，针对他人的话，听话者还可以展开联想和想象，把话题生发开去，让交谈的范围更广。其实，人与人之间可以交谈的话题很多，最重要的在于先以积极回话的方式铺垫良好的交谈基础，烘托良好的交谈氛围，这样一来，沟通才能事半功倍。

回话前，要摸清对方的脾气秉性

说话要因人而异，回话也要因人而异，这样才能保证回话的效果最佳。我们常常需要面对不同的沟通对象，一定要从对方的脾气、秉性等特点出发，才能让回话发挥更大的作用和效果。

早在几千年前，大教育家孔子在教育学生的时候，就采取不同的回话策略。例如冉求做事情不够坚决果断，为此当冉求问"老师，听到就要去做吗"时，孔子回答"可以"，这是为了鼓励冉求更加坚定勇敢。而学生仲由很是争强好胜，胆子非常大，为人也特别勇敢。为此，当仲由问孔子"老师，听到了就要去做吗"时，孔子告诫仲由"不能"，而是要三思而行，就是为了教导仲由不要总是冲动行事。孔子不愧是伟大的思想家和教育家，所以才能在面对不同的学生时给予不同的回话，给予每个学生最好的引导和帮助。

销售员雅菲最近正在跟进的客户王老板是个"大老粗"，身上带着一些江湖气。这让原本文质彬彬的雅菲很不适应。有一次，雅菲给王老板打电话："王老板，您对房子的事情考虑得怎么样了？最近，看这套房子的客户还挺多的，有一个客户特别有意向，下个周末就要带着家里人过来复看。我觉得，您看的房子很多了，看到一套合适的房子不容易，一定要抓住机会……"雅菲的话还没说完，王老板就直截了当地说："你想让我干什么，说！"对于王老板的质问，雅菲有些丈二和尚摸不着头脑，嗫嚅着问："我……我……"王老板更着急了："你是想让我买这套房子？"雅菲感觉到王老板的语气很生硬，还以为王老板生气了呢，但是箭在弦上不得不发，她索性直接回答王老板："是的，您要是再不抓紧购买，这套好房子就被别人买去了！"王老板说："我这几天正在外面出差，让我的秘书给你交钱，行吗？"雅菲听到王老板的话，有些呆住了，良久才说："可以的，可以的！"电话那头，王老板说了句"秘书下午三点到"，不等雅菲回话，就挂断了电话。

显而易见，王老板财大气粗，做事情干脆利索，还是个不折不扣的直脾气。为此雅菲在促使王老板购买房子的时候说的那些话，对于王老板而言未免有些太过弯弯绕绕，所以让王老板感到很不耐烦。后来，听到王老板有些厌烦，雅菲索性横下心，也把话说得直截了当、开门见山，结果反而得到了王老板爽快的对待。幸好雅菲灵机一动，及时采取适宜的方法对待王老板，才让销售获得了成功。

每个人的脾气秉性都是不同的。有的人天生敏感，很自卑，那么给这样的人回话时，一定要多多支持和鼓励他们，让他们鼓起信心和勇气努力去尝试，放开手脚去做；有的人天生大大咧咧的，很神经大条，因此在给他们回话的时候最好开门见山，才能让沟通的效果立竿见影；有的人性格内向，不愿意说太多的话，我们还要循循善诱，找到对方感兴趣的话题，从而激发起对方谈话的兴致，让对方更加愿意和我们倾心交谈。

当然，对于那些不怀好意、故意刁难的沟通者，我们也不

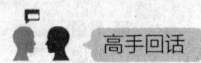

要总是退让,需要强硬的时候就要保持强硬的态度,这样才能表明自己的立场,坚持自己的原则,让自己在沟通中有更好的表现。

了解对方的知识水平,才能避免"鸡同鸭讲"

俗话说,对牛弹琴,意思是说一个人对着牛演奏高雅的乐曲,而牛根本听不懂,依然会反刍吃草,对于音乐无感。实际上,不仅人和牛之间有着这么大的鸿沟,人与人之间因为教育经历、家庭背景、生活环境、知识水平等的不同,也会产生巨大的思想差距,导致彼此之间根本听不懂对方的话。

因此,在与人沟通的过程中,我们一定要考虑到对方的知识水平、理解能力和接受能力,从而调整自己表达的方式和力度,争取把话说得对方能够听懂,能够理解和接受。也许有些朋友会说,我们往往不需要与自己"圈子"之外的人有太多沟通。的确,你与同事、朋友、同学相处,会因为各个方面的相近而形成圈子,但是如果你与卖菜的人、推销的人、路边的陌生人相处,还能要求对方一定要理解你的语言,适应你的表达方式吗?现实生活中,每个人都有机会与形形色色的人相处,我们一定要学会和不同知识水平的人打交道,给每个人以正确的回话,促使沟通顺畅进行下去。

作为一家餐馆里的服务员,于娜的客户缘很好。很多老客

第1章
回话是一门功夫：好的回话让你开口就赢

户来到餐馆里，都指名要求于娜为他们服务。这是为什么呢？

于娜很擅长察言观色，而且很会沟通。例如店里来了知识分子顾客，于娜会非常有礼貌地问对方："您好，老师，请问您需要点儿什么？我们这里有各地风味的菜品，您可以看菜单，我给您介绍。"在介绍的过程中，于娜还会根据时令给客人推荐菜品："老师，现在是秋天，大闸蟹正肥美，来壶黄酒和大闸蟹一起吧！"如果进来的是农民工兄弟，于娜就会说："师傅，今天想吃什么？要红烧狮子头，还是要红烧肉？"如果进来的是年纪大的客户，于娜就会问："大伯，您想吃什么？我们这里的清蒸狮子头里有马蹄莲，非常清脆鲜甜，您可以尝尝！还有疙瘩汤，也是很受欢迎的。"

因为看到于娜在待人接物上十分有眼力见，也见识到于娜的语言素养和待人处事的能力，没过多久，老板就提升于娜为大堂经理，让于娜负责协调整个饭馆的大堂工作。

"到什么山头唱什么歌"，对于娜而言，就是见到什么人就说什么话。通常情况下，知识分子文绉绉的，格调高雅，为此和知识分子说话要字斟句酌。而普通老百姓则不喜欢咬文嚼字，为此在和老百姓打交道的时候，就要把话说得敞亮一些，通俗易懂。此外，对于老人或孩子，更是要用符合对方年龄特点和身心发展特点的话来进行沟通，才能事半功倍。

回话，要先了解对方的身份地位

前文说过，要根据对方的脾气秉性采取最适宜的回话方式。而这里我们会更加强调说话对象的身份地位，据此选择合适的方式对说话对象做出回应。

朱元璋当了皇帝之后，有很多旧日里同甘共苦的朋友来投奔他。有一天，有个朋友被引荐到朱元璋的大堂上，朱元璋问道："下面跪着的是谁？见我有何事情？"朋友当即行礼回答："皇上，还记得当年微臣追随您一起打天下吗？您威风凛凛，率领微臣打败敌人，大获全胜，可谓英明！"其实，朱元璋早就认出来跪着的人是他当年落魄时的朋友，但是如今他贵为皇帝，生怕对方说出丢他面子的话，为此才假装不认识。看到老朋友把自己的过往说得这么好，朱元璋很感激老朋友给自己留面子，为此当即给了老朋友官职，老朋友毕恭毕敬、千恩万谢。

后来，又有一位朋友来投奔朱元璋。进入大堂，这位朋友跪在堂上，朱元璋照样打着官腔问道："大堂上是谁？找我有什么事情？"这位朋友说："皇帝，皇帝，还记得我们当年一起在菜地里偷青豆吃的事情吗？你吃得着急，险些被卡住，幸好我给你出主意，才让你得救。"听到这个朋友说出他的糗事，又看到大堂上还有那么多的大臣和侍从，朱元璋恼羞成怒，喝道："来人，把这个胡言乱语的家伙拖出去砍头！"朋友还以为朱元璋没有认出来他呢，一边挣扎着一边又说出很多往日的糗事，结果真的掉了脑袋。

　　这两个朋友都是曾经和朱元璋共患难的人，之所以前者获得了官职，而后者却落得个被砍头的结果，就是因为他们在给朱元璋回话的时候采取了不同的策略。前者因保全了朱元璋的颜面，得到朱元璋的善待，而后者则因损害了朱元璋的颜面，结果被朱元璋下令斩首。

　　可见，在根据对方身份进行回话的时候，我们要考虑到对方的年纪和职业。例如对方是耄耋老者，或者是我们的顶头上司，我们采取的回话策略都应该是不同的。此外，如果能够明显看出对方的兴趣爱好，我们还可以在回话的时候，尽量投其所好。

回话不可千篇一律，要为对方"量身定制"

　　为了与人打成一片，在说话做事情的时候，如果我们自顾自地只顾着顺从自己的心意，是根本不可能把很多事情做好的。尤其是说话不像写作文那样可以打草稿，因此更是需要灵活机智，才能把话说得恰到好处。

　　俗话说，"到什么山头唱什么歌"，由此可见，场合与环境对于我们的言谈举止会有很大的影响。那么在回话的时候，我们除了要关注自己的所思、所想和所感外，还要揣测对方的意思，更是要观察周围的环境和情况，这样才能真正把回话说

得恰到好处。

一直以来，苏大妈都跟着女儿一家三口生活，帮助女儿和女婿带孩子。女儿和女婿虽然都很孝敬苏大妈，但是当看到苏大妈溺爱外孙的时候，常常会感到担忧："妈妈就这样把孩子惯得不像样。我们一定要把好关，不能让妈妈太过疼爱孩子。"

有一天，孩子不好好吃饭，坚决不吃苏大妈做的饭菜，而是闹着要吃肯德基。无奈之下，苏大妈只好出门去给孩子买。女儿和女婿到家，问清楚情况后，当即表示反对："有什么饭菜就吃什么，总是惯着孩子，将来还不得上天啊！"苏大妈买了肯德基回到家里，女儿和女婿不允许孩子吃肯德基，孩子哭闹不休，苏大妈在一旁劝说着："孩子想吃就给他吃呗，都已经买来了！"女儿有些心疼孩子，也说下不为例，准备给孩子吃，女婿却坚持不允许。小两口吵了起来，女婿说："我的孩子我管！"苏大妈听到这句话，不由得心中一惊："这是告诫我不要多管闲事啊！"这样想着，苏大妈忍不住抹起眼泪，觉得自己在女儿家里名不正言不顺，连给孩子买个汉堡都是错误。苏大妈当即收拾东西要离开，女婿赶紧认错，这才让事情得到缓和。

在这个事例中，女婿说的"我的孩子我管"原本也没有错，因为在有老人帮忙带孩子的家庭里，老人的溺爱会给父母教育孩子带来极大的困扰。然而，偏偏在苏大妈帮忙劝说给孩子吃肯德基后，女婿说出这样的话，会让苏大妈认为女婿怪自己没有管教好外孙，所以才会感到非常伤心。

可见，回话一定要注意区分场合。通常情况下，那些适合在私交很好的朋友之间私下说的话，是不适宜在公共场合里说的；那些只适合在工作单位内部说的话，是不适合拿出去在外人面前说的。这是人与人交往的界限，也是职场交往的敏感之处。

尤其需要注意的是，喜庆的话不适合在沉重悲痛的场合里讲，而在喜庆的场合里，也不要说悲伤的话，以免扫了别人的兴致。在回话之前，我们要观察周围的环境，也要了解对方心中的所思所想，才能让回话恰到好处，事半功倍。

第 2 章

掌握这些技巧,谁都愿意和你聊

别再说客套话了,真诚才是回话的"必杀技"

众所周知,真诚是交往的基本原则,任何时候,我们都要真诚地与他人相处,这样才能与他人建立和维持良好的人际关系,避免产生猜忌。同样,回话一定要坚持真实的原则,而不要因为任何原因出现撒谎、虚构和捏造事实的情况。哪怕是善意的谎言,也会给人带来很大的伤害,而且人一旦习惯了虚伪矫饰,那么,人与人之间的沟通就会出现很多误解和障碍。

也许有些朋友会说,他们之所以不能做到真实,是有不得已的苦衷或者原因的。比如畏惧上司的权威,不敢直截了当指出上司的错误;其实,不管什么原因,都不是牺牲真实的借口和理由,除非你想让自己与他人之间的相处和交流变得毫无意义。

最近,作为南方人的刘大妈去东北的亲家母家里做客。刘大妈最爱吃柿子,在寒冷的冬天,东北恰巧有冻柿子。亲家母听到儿媳妇说刘大妈喜欢吃柿子,为此准备了很多柿子。一天晚饭后,全家人围坐在热乎乎的土炕上,刘大妈心想:这么燥热,要是有个冻柿子吃,那可太美味了。正在此时,亲家母端来一大盘冻柿子,招呼刘大妈:"亲家,快来吃柿子,这可是很新鲜的冻柿子,坐在火炕上吃柿子,一点儿都不冷,就像大夏天吃冰激凌一样舒爽！"刘大妈心里很高兴，因为她正想吃柿子呢，嘴巴上却说着："哎呀，不吃不吃，你快歇会儿吧，亲家，你都忙活一天了。"亲家母听到刘大妈说不吃冻柿子，在其他人都分了冻柿子之后，就把剩下的柿子端走了。大家都吃着柿子，唯独刘大妈干坐着，还忍不住要悄悄地咽口水，简直太尴尬了！

亲家母的性格非常实在，有一说一，有二说二，他们对于别人说的话自然也会全部当真，而不觉得其中会有客套的成分。在清楚了亲家母的脾气秉性之后，相信刘大妈下次会很自然地接受亲家母的招待，而不会再瞎客气了。

人们总是会因为各种各样的原因而逃避真相，选择虚构或者撒谎。其实，这和虚伪之间并没有太大的差别。即使是为了对方好，当我们失去真诚，也就失去了真实，我们与他人永远不可能建立坦率的、毫无嫌隙的关系。不得不说，这是得不偿失的。

回话要开门见山，拒绝铺垫与空话

回话时最有效的方式，就是开门见山，表达自己真正想要表达的意思，而不要总是弯弯绕绕，在说出真正的话之前进行很多的铺垫。这些铺垫的话大多是客套和寒暄，对于信息的交流没有切实的意义，甚至会因为假大空而使人感到很不痛快。

在心理学上，有一个超限效应，意思是说当一件事情做得过度，就会起到物极必反的效果。例如，曾经有一位名人参加慈善活动，当主持人的发言越来越冗长空洞的时候，这位名人逐渐厌烦并开始生气，原本决定捐款的他最后打消了捐款的想法。由此可见，简明扼要的语言表达很重要，可以让我们达到预期的目的，也可以让我们与他人更好地交流。

小梦才大学毕业没几年，就因为在工作上的表现非常好，而得到了晋升。但是她也知道自己还缺乏工作经验，缺乏历练，为此特意拎着礼物去拜访自己的上司，想向上司取经。

小梦对上司说："领导，我很感谢您如此信任我，推荐我来担任如此重要的职位。不过我很担心，我缺乏经验，是否能够把这份工作做好。您可以给我一些建议，告诉我怎样才能把工作做好，不辜负您的期望吗？"前任上司微微一笑，对小梦说："坚持做正确的决定。"

小梦沉思片刻，说："我恐怕无法每次都能做出正确的决定。我到底要怎么做呢？"看着小梦焦虑担忧的样子，上司说："积累经验。"小梦还是很困惑："如何做，才能快速积累经验呢？"上司说："经验是从错误的决定中得来的。"小梦恍然大悟："原来，要想进步和成长，无论如何也躲不过犯错误，只有在错误的决定中才能不断地反思和进步，也才能变得越来越成熟。"小梦把自己的感悟说给上司听，上司鼓励小梦："放心大胆地去干，每个人都是从错误中不断成长起来的，你只要在犯错误之后及时反思和总结经验，就能够不断进步！"

上司在回答小梦的问题时非常简洁明了，一语中的，所以小梦才能领悟到上司的意思，也知道自己必须坚持努力和尝试，才能从错误中积累经验，踩着错误的阶梯不断前进。如果上司说出来一大堆套话，则根本不可能对小梦有切实有效的帮助和指导。

具体而言，在给他人回话的时候，我们要坚持以下两个原则，才能最大限度发挥回话的积极作用。一方面，给他人回话的时候，要直截了当，最好少说那些无关的话，而应紧扣交谈的主题，让交谈始终围绕重点问题展开。日常生活中，很多人都会扯闲话，这也许很适合朋友之间、邻居之间闲谈，但不适合有目的的信息交流。另一方面，在给他人回话的时候，一定要讲究方式方法，要有逻辑性和条理性，抓住重点。不过，回话固然要讲究原则，但也要因事、因人、因环境和场合而灵活应对，而不要一味地坚持原则，却失去了回话的意义。

别做个话痨，好感都毁在"喋喋不休"

俗话说，"凡事皆有度，过度犹不及"。做任何事情，我们都要讲究限度，否则一旦超过限度，就会导致事与愿违。在给他人回话的时候，我们固然要积极热情，但是并非回话越多越好，否则给人留下话痨的印象，只会导致他人想要远离和逃避我们。如何把握好合适的度，就涉及说话艺术的问题。

现实生活中，很多人在面对不同的交谈对象时，总是或者说得过多，或者说得过少。例如有些人一旦看到长辈就很紧张，为此在回答长辈的问题时总是几个字敷衍了事，这样难免会让长辈感觉自己不受尊重。再如，有些人平日里和朋友相处非常健谈，和同事相处也能谈笑风生，唯独在面对上司的时候一下子变成了闷葫芦，当上司和他们说起工作上的事情，他们只会唯唯诺诺地答应上司，而不愿意和上司借此机会展开讨论。等到事情过后，他们不知道如何完成上司交代的任务，未免就会感到后悔：我当时和上司问清楚情况就好了。由此可见，必须掌握适度的原则，让回话的多少适宜，才能面面俱到，起到最佳的作用和效果。

此外，回话太多还有一个弊端，那就是在无关紧要的问题上说了很多，使得真正想要表达的重点不能被突出，从而使得回话的质量大大降低，这是很糟糕的情况。为了避免这一点，我们要在回话之前就整理清楚自己的思维，让自己的思路清晰、条理分明，也要突出重点，确定回话的目的，这样才能有的放矢把话说好，改掉说话啰唆、语意重复的坏习惯。

英国前首相丘吉尔不但是当时政坛上叱咤风云的人物，也是一位伟大的演说家。在1948年，牛津大学特意邀请丘吉尔为毕业生进行演讲，演讲的主题就是"成功的秘诀"。

在讲演的日子，人们很早就来到演讲的地方就座，没有任何人愿意错过这场空前盛大的演讲。在人们的翘首企盼中，丘

第2章
掌握这些技巧，谁都愿意和你聊

吉尔缓缓走上演讲台，这个时候，人们马上爆发出雷鸣般的掌声，欢迎丘吉尔的到来。只见丘吉尔缓缓地摘下礼帽，递给助理，又扫视着台下的听众们，最终才以平稳的语调开始演讲："我成功的秘诀只有三个：第一，绝不放弃；第二，绝不、绝不放弃；第三，绝不、绝不、绝不放弃！我的演讲结束了，谢谢大家！"说完，丘吉尔向听众们鞠躬感谢，紧接着就走下演讲台，结束了演讲。对于丘吉尔这场特别短暂和出人意料的演讲，直到丘吉尔走下演讲台，听众朋友们还没有缓过神来。一分钟之后，他们才醒过神，再次爆发雷鸣般的掌声，对于丘吉尔的演讲表示认可和感谢。

丘吉尔的演讲堪称演讲史上最短小精悍的演讲。相信在听完这次演讲之后，大家对于丘吉尔演讲的重点会有很深刻的印象，那就是，要想成功，就要绝不、绝不、绝不放弃。以这样的方式突出演讲的主题和重点，丘吉尔是非常成功的，也达到了演讲预期的目的。

很多人会担心在回话的时候语言太过精练，会影响回话的效果。其实不然。不管回话是长还是短，都应该坚持一个原则，那就是达到回话的目的。作为回话者，一定要坚持传递信息的原则，让自己的回话在他人那里是有意义的，是可以对他人起到帮助作用的。就像写作文为了避免跑题而列举出大纲一样，回话也只有抓住重点才能最大限度地传递信息。此外，在回话的时候，还要避免不良的说话习惯，很多人在说话的时候无意识间就会重复一个词，例如"好的好的好的"，其实只

需要说一个"好的"就能实现回话的作用,接连说这么多"好的"未免使人感觉有敷衍了事和不耐烦的意味。

总而言之,回话要根据目的坚持适度原则,才能起到最佳的作用和效果,而不要一味地贪多或者求少,否则就会导致回话的作用被削弱。

回话涉及自己的长处,一定要谦虚

常言道,"金无足赤,人无完人。"在这个世界上,每个人都有擅长和不擅长的地方,为此在与人合作的过程中,既要扬长避短,也要取别人的长处弥补自己的短处,这样才能起到最佳的作用和效果。

在回话的时候,如果涉及自己擅长的领域,一定要非常谦虚,万不可得意忘形。反之,在回话的时候夸夸其谈,口若悬河,未免会给他人留下糟糕的印象,使他人觉得我们狂妄自大。越是面对自己擅长的领域,我们越是要谦虚低调,这对于人际相处和沟通交流都是有好处的。

又到了新一年的招聘季,公司里加入了很多新人。虽然雅琪进入公司也才一年,但她觉得自己一下子就从新人变成"老人"了,感到很有成就感,也很愿意向新人传授经验。只是雅琪不知道,新人之中藏龙卧虎,有极少数新人虽然初入公司,但不是应届毕业生,反而有着丰富的工作经验。

这一天，有个这类的新人问雅琪："雅琪，这个项目应该走什么流程去操作呢？"雅琪正巧有过几次操作类似项目的经验，又看到新人毕恭毕敬的请教态度，马上开始夸夸其谈，指点江山。对于雅琪所说的有不够恰当或者不正确的地方，新人当即表示疑问："这个环节，是不是有更好的处理方式呢？"雅琪不以为然地说："我们公司就是这么操作的，你说的是上一家公司的经验，在这里未必适用。"雅琪的这番话让工作经验丰富的新人很不满意，从雅琪这里得不到满意的答复，新人只好向上司请教。结果，新人的提议得到了上司的认可，上司鼓励大家都要向新人学习，不断地优化做项目的流程，提升做项目的效率。当然，上司也没忘提醒老员工们不要妄自尊大，而是要与同事们团结协作。雅琪心中很虚，她知道上司说的是自己，也庆幸上司没有对她点名批评，同时也暗暗下定决心要改掉狂妄的坏毛病。

每个人都有自己优点和长处，也都有自己的劣势和不足。任何时候，哪怕是被他人问到我们擅长的领域，我们也要保持谦虚和低调的态度，而不要因为自己很擅长某个方面就得意忘形。谦虚使人进步，骄傲使人落后，这个道理在任何时候都适用。尤其是在职场上，同事之间的关系非常微妙且敏感，有的时候同事们需要团结协作才能共同进步，有的时候同事们之间也存在竞争的关系。为此，人在职场，要想处理好与同事之间的关系是需要用心思考的，而不是随随便便就能做到的。所以在给同事回话的时候，我们更要讲究回话的艺术和技巧，这既

有利于与同事沟通,也有利于维持和同事之间的良好关系。

当然,在遇到自己不擅长的问题时,没有必要遮遮掩掩的,而是可以坦然向他人说明自己并不擅长这个领域,也需要努力学习和提升。这样一来,既避免了伪装自己,给人留下不够真诚的印象,也避免了不懂装懂带来的尴尬,还可以与他人团结协作,一起进步,可谓一举数得。

从容回话,切忌不懂装懂造成尴尬

古人云,"知之为知之,不知为不知,是知也"。这其实是告诉我们,在给他人回话的时候,对于知道的事情一定要说知道,而对于不知道的事情则要明确告知对方我们是不知道的,而不要为了所谓的面子和尊严,假装自己什么都知道。要明白,纸是包不住火的,任何时候我们都要真诚坦率面对他人和自己。

现实生活中,很多人都特别爱面子,对于自己不知道的问题他们不能坦然承认,而是信口开河,煞有介事地回答别人。殊不知,有的时候欺骗别人就是欺骗自己,当这样做的次数多了,人们就会不再信任你说的话。任何时候,给任何人回话,哪怕对方只是一个年幼无知的孩子,我们也要坚持真实诚信的原则,切勿不懂装懂。有很多父母觉得孩子还小,很好糊弄,为此,面对孩子提出的"为什么",父母总是随便说出一些话敷衍孩子。也有的父母害怕自己说"不知道"会在孩子面前丢了面子，其实，这样的想法完全是错误的，对于孩子而言，早一些知道父母也有不懂不会的地方，也需要学习和成长，他们才会更加主动地学习和提升自己。

春秋时期，孔子虚心好学，有很多弟子，他常常带着弟子们去列国讲学。有一次，孔子带着弟子们去往晋国。在路上，孔子一行人遇到了一个年幼的孩子。孩子拦住孔子，说："听说你的学问很大，那么你可以告诉我为何鹅的叫声那么嘹亮吗？"孔子想了想，说："鹅的脖子很长，足足有一尺多长，所以鹅才叫得那么嘹亮。"孩子想了想，又问孔子："你说得不对。那么，青蛙的脖子很短，青蛙的叫声为何也那么嘹亮呢？"孔子被孩子问住了，半响说不出话来。孩子说："看来，你也不是什么都知道的嘛！"等到孩子离开，孔子很惭愧地告诉弟子们："我不懂装懂，还不如孩子主动讨教，我不如这个孩子啊，应该拜这个孩子为老师！"

现实生活中，有很多只掌握了少部分知识的人，误以为自己已经懂得了全部，为此表现出不可一世的样子。因为他们就活在自己小小的知识圈子里，不愿意走出圈子去看外面的世界。还有的人知识渊博，却从不自高自大，而是很清楚自己知道的只是一小部分知识，而不懂的才是绝大多数知识。他们也有一个圈子，但是他们没有禁锢在圈子里，而是看到了圈子以外广袤的天地和知识的原野。所以越是知识渊博的人越是非常谦逊，也坚持着持续学习；而越是知识粗浅的人反而越自以为是，觉得自己很了不起，为此不愿意学习。

　　面对我们真的不懂的知识，我们要当即承认自己的无知，也可以立刻向对方请教，或者和对方一起来探讨和寻找答案。面对那些没有听清楚的问题，我们可以要求对方再说一遍。总之，不懂是不可怕的，只要知道自己不懂，也愿意努力学习，我们就可以得到进步和提升。

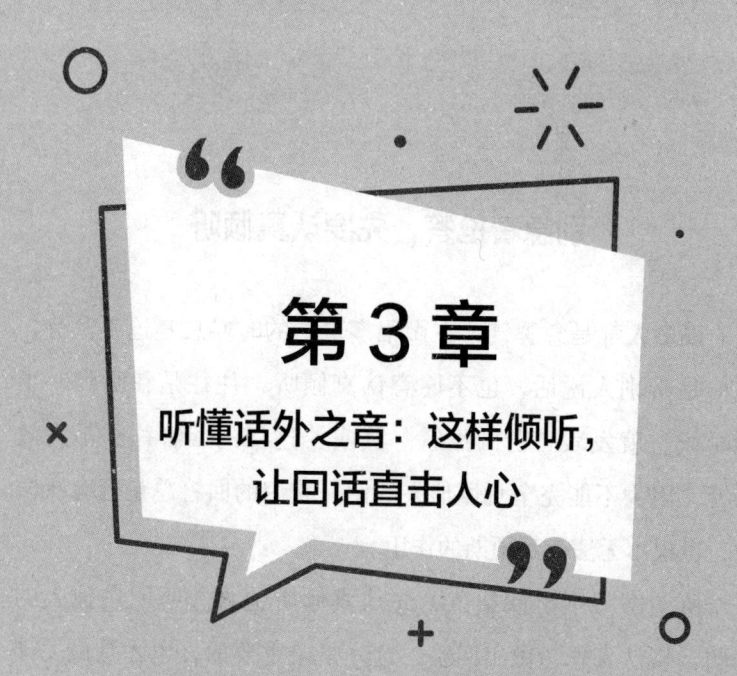

第 3 章

听懂话外之音:这样倾听,让回话直击人心

别急着抢答，先要认真倾听

很多人都是急脾气，在做很多事情的时候总是迫不及待，哪怕是听别人说话，也不愿意认真倾听，往往是在听到一半的时候，就发表自己的见解。其实，这样的回答往往是无效回答，因为不能完全听懂他人的话，我们的回答总是会有所偏颇，也根本无法起到预期的作用。

所谓磨刀不误砍柴工，先认真倾听他人，听明白他人的问题，再认真思考做出回答，这才是最重要的，也才是最关键的。所以朋友们，不要急于回答问题，而是要保持认真倾听。这是回答问题的先决条件，也是必要因素。

乔·吉拉德是美国大名鼎鼎的汽车销售大王，他在从事汽车销售的一年时间里，卖出去1425辆汽车，这意味着他平均每天要卖出去4辆汽车。然而，吉拉德的销售生涯并非特别顺利，有一次，他失去了一个即将签约的客户，而对于为何会失去这个订单浑然不知。这次失败的经历让吉拉德对于自己的销售工作进行了深刻的反思。

那天下午，有个顾客来买车，吉拉德和平日里一样马上滔滔不绝地向客户介绍汽车，客户对于吉拉德推荐的汽车也感到很满意，原本已经准备签约，但是却突然放弃购买。对于客户的表现，吉拉德感到非常困惑，他自己苦思冥想一个晚上也不知道原因，最终忍不住深夜给客户打电话，对客户说："先生，很抱歉这么晚了打扰您，我只是想知道您为何又不想购买我推荐的汽车了。请您不要误会，我不是想继续向您推销汽车，我只是想知道我有哪些地方做得不好。"对方感到很厌烦："这是深夜，你觉得你这个时候打电话来合适吗？"吉拉德非常诚恳地说："很抱歉，先生，我知道这不合适。但是我真的很想做一个优秀的推销员。我恳请您为我指出不足，以便我未来可以为您和其他更多的客户更好地服务。"对方被吉拉德的真诚打动，对吉拉德说："那好吧，我告诉你，是因为我告诉你我的儿子考入了最好的大学，并且询问你的想法，但是你却只顾着催促我交钱！"吉拉德恍然大悟："先生，的确是我做得不对。请允许我向您表示最真挚的祝贺，也非常感谢您给我指出不足，我一定会马上改正。"

吉拉德的失败销售经验可以给我们深刻的启示，那就是在听别人说话或者提问的时候，我们一定要认真倾听，而不要只说自己想说的话，只回答自己关心的问题。其实，客户对吉拉德说起自己儿子考入名牌大学，只是想要炫耀儿子的优秀和出色，也是希望得到吉拉德的羡慕和祝贺。吉拉德当时也许是因为一心只想着赶紧签单，使得他忽略了客户更深层次的需求。

因此，在交流的过程中，我们一定要认真倾听他人的话，这样才能让交流顺畅进行，起到最佳的效果。具体而言，我们要做到以下几点。

首先，在倾听他人的过程中保持专注，而不要总是在没有听清楚的情况下，就急于对问题做出回答。

其次，在倾听的时候，要及时给予他人回应，而不要表现出心不在焉的样子。

最后，倾听的过程中不要随意打断他人，这是对他人尊重的表现。当然，在对方表达过程中出现停顿的时候，可以适时地提问，以便激发对方的谈话兴趣，起到抛砖引玉的效果。尤其需要注意的是，针对对方的谈话，我们还可以在专注倾听的过程中起到引导的作用，从而避免冷场或者尴尬的情况发生。

用耳更要用心，真正理解问题的含义

在与人沟通中，只会正确地表达还远远不够，还需要真正理解问题的含义，才能为正确解答问题铺垫基础，做好准备。

有的时候，我们没有听明白别人的问题，那么不妨问问别人到底想问什么；有的时候，我们没有听清楚别人在说什么，那么不妨让别人多说一遍。不管是真的没有听清楚，还是真的没有听明白，弄清楚问题都是最关键的。

在倾听的过程中，除了要听清楚他人所说的话，还要真正弄懂他人的意思，知道他人想问什么，知道他人真正的用意在哪里。这才是真正有效的倾听，也才能够在倾听他人之后做出卓有成效的回话。

第3章
听懂话外之音：这样倾听，让回话直击人心

兼职编辑贝奇最近遇到了一件很糟糕的事情。一年之前，他为一家图书公司组稿，当时和图书公司的负责人谈好在图书出版后三个月内结算稿费，结果这家图书公司和出版社的合作出现了问题，导致这本图书成稿之后没有及时出版。每次，贝奇去找负责人索要稿费，负责人总是以图书还未出版为由推卸责任，不愿意结算。无奈之下，贝奇只好诉诸法律手段，请了律师去和图书公司的负责人进行谈判。

律师问负责人："你们拿到书稿为何没有出版？"负责人说："和出版社的接洽出现问题。"律师说："那么，这是属于谁的问题呢？"负责人有些语塞，不知道接下来该说什么，良久才说："不管因为什么原因，图书都还没有出版。"律师当即说："这么说来，您承认图书不能正常出版是你们的问题，而不是我们的问题。我们保证稿件是质量合格的，至于能不能出版，则是需要你们去操作的。如果你们一直拖延着不出版，我们不可能始终不索要稿费。或者，你必须告诉我这本书最迟到什么时候能出版，否则，你就要马上为我们的劳动买单。"律师的话说得很清楚。在律师给出诉讼的时间后，图书公司的负责人很快和公司领导协调沟通，支付了贝奇的稿费。

其实，贝奇在当初和图书公司达成合作意向的时候，就掉入了一个陷阱，即"图书出版后三个月内支付稿费"。要知道，图书能否出版受到很多因素的影响，而不是作者所能决定的。为此，贝奇在达成合作协议的时候，就应该与图书公司约定如果稿件因为非作者原因导致迟迟不能出版，那么图书公司必须在多长时间内结清作者的稿费。这样一来，贝奇才算有了基本的权益保障，也才能在索要稿费的时候理直气壮。

对于他人的话，一定要听得认真仔细，除了要听懂字面的意思之外，还要听懂对方的言外之意，这样才能最大限度地理解对方的意思，同时给对方恰当的回答。很多人一旦面对他人的提问，就会急于回答问题，这种情况下难免会因不假思索而说错话，也会使得自己即使回答了问题也无法得到想要的结果。为了避免这种糟糕的情况发生，在回答问题之前，一定要认真思考他人提出的问题，也要清楚他人在语言背后隐藏的意思，这样才能把握住问题的根本，对问题进行合适的回应。

了解对方的提问动机，才能在回答时有针对性

每个人在提出问题的时候，一定有自己的深层次用意，作为听问题的人，我们要尽量揣测提问者的真实意思，而不要总是从自身的主观角度出发，对于提问者进行胡乱猜测。

当然，每个人都是独立的生命个体，因为成长经历、教育背景、脾气秉性等的不同，每个人在思考问题的时候都会从自身的主观立场出发，这也直接导致在人际交往中人与人之间很难相互理解。为了避免主观思想和态度碰撞引起各种矛盾，我们在思考问题的时候一定要学会设身处地，尽量站在他人的角度上思考问题，这样才能给出他人满意的回答，也才能与他人

进行更加深入的互动和交流。

因为提问动机引起的误解，在成人和孩子之间非常常见。这是因为孩子有自身独特的思维方式，而成人往往会站在自己的立场和角度上思考孩子的问题。这样一来，成人与孩子之间的误解油然而生，也就无法彼此融洽相处。

周末，豆豆吵闹着要去动物园里玩。其实，豆豆在一年的时间里已经去了好几次动物园。因此，刚听到豆豆又要去动物园，妈妈就忍不住发作起来："那个破动物园里有什么好玩的？咱们去游乐场吧，好不好？"

然而，豆豆丝毫没有妥协，对妈妈说："那不是破动物园，那是好动物园。动物园里有很多可爱的动物，我最喜欢和小动物玩了，我还要带着大白菜去喂山羊呢，我还要看大象用鼻子给自己洗澡呢！妈妈，你喜欢长颈鹿吗？"妈妈说："长颈鹿就是有个长脖子，其他的没什么稀奇的。我不想去看长颈鹿。"听到妈妈的话，豆豆忍不住哭起来。无奈之下，妈妈只好带着豆豆去了动物园。

豆豆试图说服妈妈去动物园，因为辩论不过妈妈，只好以长颈鹿吸引妈妈。他问妈妈是否喜欢长颈鹿，是想得到妈妈肯定的回答，也是希望妈妈能够陪他一起去看长颈鹿。没想到，妈妈实在不想去动物园，明明知道豆豆的心思，却假装不知道，还给出豆豆不想要的回答。这样一来豆豆说服妈妈去动物园的愿望彻底落空，所以豆豆才会这么伤心。

很多父母都能轻易看穿孩子的心思，这是因为孩子的内心很单纯，不管是说话还是做事情都很直截了当。而对于孩子真正的心理需求，有的父母却不愿意看懂，或者说是假装看不懂。这都是因为他们不想迎合孩子，而想要改变孩子的想法。

当然，不仅仅父母和孩子之间存在这样的问题，很多成人之间进行沟通和交流的时候，也存在同样的问题。为此，在倾听对方倾诉或者提问的时候，我们一定要认真倾听，透过对方的话知道对方的真实意思。

首先，一定要集中精神，而不要三心二意倾听别人，否则一旦漏掉一句话或者疏忽了一个词语，就会让语言的意思相差很大。

其次，在倾听对方的时候，不要左右四顾，而应看着对方的眼睛。正如人们常说的，眼睛是心灵的窗口，只有看着对方的眼睛，我们才能透过眼神的变化更加细致入微地体察对方的心思。

最后，即使听到了不想听的话，或者被对方以各种问题刁难，我们也要勇敢面对，积极回应，这样才能真正从根本上解决问题。总而言之，有效地倾听不但是用耳朵去听，更是要用心去听，进行细致入微的感受和思考，才能透过语言的表象看到语言的本质，也才能让沟通事半功倍。

先认真听完对方的话，是一种基本的尊重

在生活和工作中，很多人都会犯一个错误，那就是在与人

沟通的时候，不等别人把话说完，就打断别人的话，凭着对别人的主观臆想和推测，无端地判断他人的言行举止。还有些人自诩为性格直爽、刀子嘴豆腐心，为此在与人沟通的过程中更加急躁，从不讲究方式方法。

在别人没有说完话的情况下，就做出自己的判断，这不仅是性格的问题，而且表现出一个人缺乏素质和涵养。如果总是这样做，轻则会伤害与他人之间的感情，重则会导致人际关系破裂。

要想避免这样的后果，就一定要沉住气，不管别人正在说什么，都要等到别人真正把话说完，再做出回应。大多数时候，如果不能做到谨言慎行，总是口无遮拦想说什么就说什么，那么，一定会导致说得越多，错得越多。曾经有人调侃，说上天之所以给每个人两个耳朵、一个嘴巴，就是为了让人们能够多听、少说。当实在不知道说什么的时候，不如闭上嘴巴认真倾听；当口若悬河、滔滔不绝的时候，也要尽量把嘴巴闭上，避免言多必失、祸从口出。

真正的沟通，第一步不是要说，而是要倾听。只有在倾听的基础上，我们才能真正理解他人的意思，思考如何更好地回答对方的问题。具体而言，要想先认真倾听他人的话，我们就要认识到以下三点。

其一，在提问者提出问题之前，我们要先当好听众，这样提问者才会有兴致继续说下去，而我们也可以知道对方到底想要问什么。

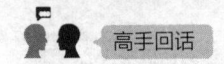

其二，在回答问题之前，要认真思考，理性组织语言，这样才能让回答和思维一样有条理。

其三，在回答问题之前，我们还需要消化他人的观点，而不要只顾着按照自己的所思所想去说。接受他人的信息，进行思考的过程，正是我们消化他人观点的过程。我们要先放下自己的主观态度，才能顺利地进入对方的精神世界里。否则，如果我们始终坚持自己的立场和观点，总是对于对方怀有排斥和抵触的心态，则根本不可能认真倾听，更不可能对对方做出积极的回应和合理的回答。

在西方国家，有句谚语，意思是说每个人都只需要一两年的时间就能学会说话，却需要花费几十年的时间学会闭嘴，才能更好地与他人交流。在练习倾听技巧的过程中，我们哪怕丝毫不赞同对方的观点，甚至反驳对方观点的话已经到了嘴边，都一定要忍住，要控制好自己辩驳的冲动，这样才能给予对方时间和机会把话说完，也才能在此过程中加深对对方的了解，让我们的回答有更好的作用和效果。

当然，如果我们已经养成了急于回答的坏习惯，想要一下子改变并不那么容易。因此在每天都要进行的沟通中，我们一定要尽量摒弃坏习惯，养成好习惯，这样一来，我们才能在回话的时候表现更好，也才能在与人沟通的过程中有更加长足的进步和发展。

唯有认真倾听，才能找出蕴藏于问题中的答案

在人际沟通的过程中，我们难免会遭遇他人的故意刁难。对于那些难以回答的问题，我们往往会无言以对，也会因此而陷入尴尬之中，但是这并非我们逃避的借口和理由。还记得矛和盾的故事吗？卖矛和盾的人在听到"以子之矛攻子之盾"之后，马上噤声，无言以对。实际上，在人际交流的过程中，如果我们也能够采取"以子之矛攻子之盾"的方式，回应他人的刁难，把皮球踢给他人，就会让他人拿着自己制造出来的烫手山芋，根本不知道应该怎么办才好。

那么，如何做到"以子之矛攻子之盾"呢？看起来，这似乎很难，但只要掌握了其中的技巧，就能够让很多难题迎刃而解。具体而言，"以子之矛攻子之盾"，就是从他人的话中找到反驳他人的理由，或者是从对方的问题中寻找答案。这样一来，就相当于以对方的话来反驳对方，使对方陷入一个搬起石头砸自己脚的困境，当然无法从容应对，更不可能当即反驳。

在人际交往的场合里，我们不知道自己什么时候就会遇到尴尬的情况，或者是需要回答一个很难的问题。在这种情况下，千万不要着急，而是要保持冷静和理智，这样才能调动自己的聪明智慧，从问题中找到回答问题之道，从而顺利地"以子之矛攻子之盾"，把难题再踢回去给对方。

我们不能被问题本身蒙蔽住眼睛，更不能因为问题难以回答就感到惊慌失措，而是要认真理智地解读问题、分析问题，

这样才能从问题中找到回答的关键词,也才能结合多方面的信息尽量圆满地回答问题。总之,如果寻求解答而不得,则要反其道而行,把关注点集中在问题上,从而从问题中找到答案。只要熟练和灵活使用这个方法,相信我们就可以顺利地解答很多的难题,也可以成功地摆脱尴尬。

第4章

回话有章法:逻辑清晰,让你的回答滴水不漏

回话有逻辑，才能保证沟通效果

在做事情的时候，为了让做事情的效率更高，我们会先根据轻重主次对事情进行合理的排序。实际上，根据轻重主次对事情进行排序，依据的就是一种内在的逻辑顺序。为了保证做事情的效率，我们要有逻辑地安排事情的顺序；同样的道理，为了保证沟通的效果，我们同样要有逻辑地回话，这样才能让沟通更加高效。

很多人在讲话的过程中常常会被人打断，或者被询问"你到底想说什么，想要表达什么意思？""你可以把想要提问的问题说得更加明确一些吗？"之所以在说话的时候得到这样的反馈，就是因为说话者在说话的过程中缺乏逻辑性，并且也没有把握住重点。虽然有逻辑地回话说起来很简单，但是真正要想做到并且做好，并不是那么简单容易的事情。要想在短时间内建立逻辑，需要我们开动脑筋积极应对，也需要我们有丰富的沟通技巧和策略。

华盛顿在年轻的时候就很聪明机智，而且有着严谨的逻辑推理能力。华盛顿家有一匹骏马，这匹骏马远近闻名。有一天早晨，华盛顿去给骏马喂草料，来到马厩里，却发现骏马不翼而飞。华盛顿当即想到肯定是邻居偷了骏马，因为邻居早就惦记着这匹骏马了。为此，华盛顿先确认骏马的确就在邻居家的马厩里，之后当即报警。

警察带着华盛顿一起来到邻居家里，邻居口口声声否认偷骏马的事情，反而说自己家的马也非常强壮，是匹好马。正在警察询问邻居的时候，华盛顿突然用双手蒙住骏马的眼睛，问邻居："既然你说这匹马是你的，那么我问你，这匹马的哪只眼睛视力很差？"邻居才刚刚把骏马偷回家，还没来得及观察骏马呢，为此赶紧敷衍："左眼。"华盛顿笑起来，并没有把手拿开。这个时候，邻居眼珠子咕噜一转，赶紧改口说："右眼。"华盛顿得意地哈哈大笑："我告诉你吧，这匹马的两只眼睛都好着呢，没有任何一只眼睛视力差。"警察在一旁听着华盛顿和邻居的对话，马上就明白了是怎么回事，当即批准华盛顿把马带回家。

在这个事例中，华盛顿之所以能够顺利地把马要回来，就是因为他采取策略扰乱了邻居的心，让原本就做贼心虚的邻居回答问题的时候只能靠着猜测来进行。警察在看了邻居的表现之后，当然知道邻居根本不是马的主人，也就相信了华盛顿所说的话。

人和人之间交流，在进行语言表达的时候一定要有逻辑性，知道哪些话应该先说，哪些话应该后说。否则，如果总是东一榔头、西一棒子，就算是在说真话，也会给人一种含糊其词、敷衍了事的感觉，从而使得沟通无法顺利进行下去。为此，一定不要因为心急就口不择言，而是要掌握回话的方式和策略。

三思而后答,全面衡量才能避免失言

在给他人回话的时候,针对不同的事件、交谈对象、沟通目的,我们要采取不同的回话策略。例如有些事情急需处理,就不要总是来回绕圈,而是要以最快的速度把事情的结果告知对方;有些事情则不着急,或者必须讲究策略,说出来才能起到最佳的效果,那么就要有耐心去斡旋,而不要急于求成。

总而言之,在给人回话的时候,是开门见山,还是委婉曲折,是要根据具体的人和事情区别对待的,绝不是在任何情况下都套用同一种模式。当然,开门见山有开门见山的好处,委婉曲折则可以进行一定的铺垫,让很多话听起来没有那么突兀。这两种回话方式各有利弊,要综合情况才能定夺到底使用哪一种回话方式。

小美是个直来直去的女孩,不管说什么话,都是开门见山,直奔主题。大学毕业后,小美进入一家公司成为一名销售员,虽然她很勤奋努力,而且也干劲十足,但是在销售方面始终没有太大的起色。有一次,小美给一个已经有成交意向的客户打电话确定合作的细节,开门见山地说:"张先生,您想购买我们的产品,那么什么时候有时间和我敲定合作的细节呢?"张先生听到小美的话,丈二和尚摸不着头脑,当即心生不悦,说:"我还没有想好,想好我会联系你的。"说完,张先生就挂断了小美的电话。后来,小美再打电话,张先生总是挂断电话,不愿意和小美进行沟通。

小美把这个情况反馈给主管，主管在听到小美的话之后，对小美说："小美，你工作能力是有的，但是你应该学会回话啊。你看，你本来是邀请客户来敲定合作细节，却因为说话不拐弯，导致无形中得罪了客户，这可是得不偿失啊！"说完，主管亲自给客户打电话，对客户说："张先生，很抱歉打扰您。是这样的，最近我们公司的产量有限，您这边又是我们的贵宾客户，我们是很愿意和您建立长期合作关系的。您看看，您什么时候有时间，我会带着产品的报价单和资料去拜访您，以方便您尽快与我们签约。"听了主管的话，张先生说："好的，我周三下午两点到四点有时间，不要迟到。"主管马上说："好的，一定准时到，谢谢您的信任！"周三下午，主管带着相关资料去拜访张先生，和张先生确定了合作的很多事宜，接下来就只等着签约了。

在这个事例中，小美在促使张先生签约的时候，没有做好铺垫工作，因而引起了张先生的反感。通常情况下，有好消息可以开门见山，直奔主题，尽量把快乐早一些分享给他人，而如果是糟糕的或复杂的消息，则可以进行一定的铺垫，从而给对方心理准备的时间，让对方更容易接受。

此外，给熟悉的人回话时，因为彼此很了解，为此无须遮遮掩掩，但如果是给不太熟悉的交谈对象回话时，则可以进行一定的铺垫，从而显得不那么突兀，也更容易让交谈对象接受。

回话既要尊重事实，又要考虑对方感受

沟通和交流的目的，就是要传递信息，从而达成共识。然而，在现实生活中，有很多人在沟通的时候都会陷入误区，例如面对上司的时候不敢说出真话，面对下属的时候又故意隐瞒。这样的虚伪矫饰，常常让人们在沟通的过程中产生各种误解，使得沟通的效果大打折扣。

当然，这里不是说一定要直言相告，而是要根据沟通的实际情况酌情采取合适的策略去回话，既要尊重事实，也要考虑到对方的感受，这样才能面面俱到，让沟通事半功倍。

思思是刚来公司没多久的新员工，虽然此前在其他公司有一些工作经验，但是因为不了解新公司的工作环境和流程制度，因此在工作的时候未免有些束手束脚，有了什么想法也不敢直接和上司说。

这一天，上司给思思交代了一个任务，问思思能否在三天内完成。其实，这个任务很艰巨而且非常琐碎，三天完成是有很大难度的，正常的工期应该是一周。然而，在上司询问"有没有问题"时，思思不假思索地回答"没问题"，上司就放心地把工作交给了思思。结果，思思在三天的时间里每天都通宵达旦地加班，最终也没有完成工作任务，被上司狠狠批评了一通。思思觉得很委屈："本来三天就不行！"老同事听到思思抱怨，说："时间的确紧张了一些，不过当时你怎么不和上司说呢！上司虽然是领导，但是已经很久没有从事具体的工作

了，所以对于完成工作具体需要多久的时间，他是不清楚的。在他征求你的意见时，你一定要实话实说，否则，许诺在多久之内能完成，就要做到。"听了老员工的话，思思无言以对，知道自己的确因为怯懦而错过了和上司沟通的好机会。

人在职场，这样的事情经常发生，尤其是上下级之间。下属如果认为一句话说得不对就会惹到上司，难免就会感到紧张焦虑，也会因此而错失和上司坦率沟通的机会。为此，在给上司回话的时候，下属一定要端正态度，把真实的想法告诉上司，如果对于具体的工作有什么建议或者意见，也要和上司及时沟通。

当然，并非所有的情况都适合直接表达，在某些特殊的情况下，还是需要委婉地表达，才能让沟通的效果更好。例如一个人想要求助于另外一个人，可又拿不定主意，因此对另外一个人说："我最近遇到一些困难，急需周转资金，你呢，手头上宽裕吗？"这样一来避免了直接询问对方"你可以借钱给我吗"，不会导致双方太尴尬，也给了对方拒绝的台阶。对方如果想帮助你，就可以说："我有点儿钱，先借给你用吧！"对方如果想要拒绝你，只需要借坡下驴："我最近才刚买了房子，也不宽裕，要我帮你想想办法吗？"你如果识趣，就该告诉对方："没关系，我自己再想想办法，实在不行再来找你。"这样的沟通非常婉转，让双方都避免了尴尬，既可以让沟通顺利进行下去，也可以维护好彼此之间的关系。

总而言之，在不同的时间场合，面对不同的回话对象，我们所采取的回话策略和方式都应该是不同的。尤其是当了解回话对象的脾气秉性时，还应该根据对方的性格特点选择最适宜的回话方式，这样才能事半功倍。

好坏消息同时出现，告知顺序也很重要

很多人不擅长回话，但喜欢自以为聪明和幽默地告诉对方："有一个好消息和一个坏消息，你想先听哪一个消息？"不得不说，这真的是一个一点也不好笑的玩笑。因为一般情况下人们听到这种话，心中一定会喜忧参半，甚至可能马上开始胡思乱想，导致内心紧张焦虑。

有研究机构针对好消息和坏消息进行研究，发现听话者，往往想要先听坏消息，再听好消息，大概是因为"先苦后甜"。而说话者则往往情不自禁地先说出好消息，和听话者一起感受喜悦，然后说出坏消息。在好消息的铺垫下，很多坏消息的杀伤力也就没有那么强了。心理学家经过研究证实，先说好消息还是坏消息，带给人的心理感受也截然不同。为此，在说话的时候，确定好消息和坏消息的顺序很重要。

最近，妈妈觉得膝盖疼，艾米带着妈妈一起去医院检查，还特意挂了个专家号。专家一看到妈妈的体重很重，为此对妈妈说："你这么重的体重，膝盖肯定废掉了。"妈妈大惊失色，赶紧问："医生，那得怎么办呢？"医生说："实在不行

只能换膝盖喽！不过你要是继续不减轻体重，到不了换膝盖的时候，人就已经不在了。"艾米听到医生的话简直忍无可忍，当即和医生喊道："你这医生怎么回事，有你这么和病人说话的吗？病没什么大碍，吓也被你吓死了。"医生被艾米一通数落，还不知道怎么回事呢，说："我这是实话实说啊！"

艾米非常生气，于是换了个医生看病。新医生进行检查之后，给妈妈开了单子，让妈妈先去做X光。妈妈问新医生："医生，问题严重吗？"新医生安抚妈妈："还不太清楚具体的情况，最糟糕的结果就是半月板损伤。你先去检查，我看到检查结果再和你详细说。"艾米赶紧带着妈妈去检查。等拿到检查结果之后，新医生对妈妈说："不要紧，就是膝关节老化了。不过，您的体重有些太重，这样会加重膝关节的受力。我建议您可以适当控制体重，减少爬楼梯，做一些不磨损膝盖的运动。"妈妈听到新医生的话，悬着的心终于放下来了。

在这个事例中，第一个专家医生不管医术是否真的高超，以这样的态度和病患说话，本身就是道德修养不高的表现。第二个医生则很谨慎，在没有看到X光的结果之前，他哪怕有不好的推断，也没有明确和病患说出来，而是安抚病患的情绪，让病患先进行相关的检查。等看到检查结果之后，他再给病患提出合理的治疗方案和建议，这对于病患而言当然是一种心理的安慰，也能与病患之间形成良好的关系。如果我们是患者，当然愿意选择接受后一个医生的诊治。所谓医者仁心，就是说医生要能够设身处地为病患着想，从而决定先告诉病患什么，再告诉病患什么，让病患有一个接受病情的过程。

当然，所谓的好消息和坏消息是可以相互转化的，对于这个人而言是好消息，对于另一个人而言也许就是坏消息；前一刻还是坏消息，下一刻也许就能转化为好消息。总之，要根据具体情况决定先说好消息还是坏消息，才能让回话起到更好的效果。

结论先行，用倒叙进行汇报

在学习写作文的过程中，我们了解过正叙和倒叙的方法。正叙的方法就是按照事情发生的先后顺序平铺直叙，把事情还原在人们的面前。倒叙的方法则恰恰相反，是先说事情的结果，勾起人们阅读的兴趣，再来叙述事情的始末。这样一来，让情节变得曲折，也让叙述更加富有吸引力。正叙和倒叙都各有优势。具体采取哪种方式去叙述，取决于你想要实现怎样的效果。

对于结果和过程，也是同样的道理。不过在给他人回话的时候，为了避免他人倾听时产生焦躁情绪，我们可以采取倒叙的方式，先把结果告诉他人。这样一来，就极大地安抚了被回话者的情绪，使得他们可以心平气和地继续听我们的回话。

有一天，琪琪妈妈正在家里做饭，邻居突然跑过来对妈妈说:"琪琪妈妈,琪琪正在外面玩的时候,有一辆小汽车飞快地开了过来……"邻居的话还没有说完,妈妈就两腿瘫软,险些瘫坐在地上,眼泪簌簌而下,脸色煞白。

看到妈妈这个样子,邻居很担心,赶紧说:"没事没事,琪琪没事。小汽车开得很快,幸好被隔离带挡住减速,琪琪才能安全跑开……"邻居后面说了什么,妈妈全没听到。听说琪琪没事,妈妈就赶紧跑出去把琪琪接回家,抱在怀里,就像失而复得一样。

在这个事例中,邻居说话就是我们日常所说的"大喘气",把危险的情况说在前面,使听话者误以为发生了非常糟糕的事情,而过了好久才说出结果是没事,一切都很好,让听话者不由得长出一口气,而此前的惊吓却在心中盘亘良久。

越是重要的事情,越是要先把结果说得明确。例如作为销售员在和客户沟通的时候,要先说为客户争取到的利益,再说自己在为客户争取利益的过程中付出的辛苦。否则,如果用很多的时间说自己的辛苦,则会让客户觉得销售员是在邀功,会给客户留下很糟糕的印象。也许客户因为心急,根本没有耐心听到结果就会挂断电话。其实,只要先把好的结果告诉客户,让客户感到高兴,自然会对你十分认可,还担心客户没有耐心倾听你的辛苦付出吗?

越是紧迫的事情,越是要先说结果,很多时候解决问题就在很短的时间内,必须抓紧时间才能抓住解决问题的好时机。如果因为赘述而错失解决问题的好时机,相信被回话者一定会抱怨你是个话痨，也会对你留下不好的印象。

越是结果糟糕的事情，越是要先说结果。这样一来，在接下来的阐述中，听话者才能和你一起了解过程，寻求解决问题的办法。如果先赘述过程，而听话者不知道问题出在哪里，也不知道结果好坏，就会导致前面的叙述成为无用功，听话者在听说结果之后还要找出重点问题进行再三询问。

如果一件事情的结果很好，皆大欢喜，那么可以先说过程。在讲述过程的时候，可以设置一些悬念，引人入胜，也可以先卖个关子，让人感到惊奇。当你激起对方听你讲述的兴趣，你自然就可以滔滔不绝地继续说下去。

总而言之，我们要把结果说在前面，只要把握好说出结果的时间点和节奏，就能让回话更加顺利，也能让回话更加打动人心。

大事化小还是小题大作，回话策略要适宜

日常生活中，有些人不会办事，把很小的事情无限放大，结果导致事情的发展失去控制。有些人则恰恰相反，他们特别会办事，知道该把事情放大的时候要放大，该把事情缩小的时候要缩小，由此一来，就可以顺利地处理好很多的事情，做人也会非常成功。那么，到底何时应该把事情缩小，何时应该把事情放大呢？

第4章
回话有章法：逻辑清晰，让你的回答滴水不漏

别人和我们之间的矛盾，要缩小，这样就可以大事化小，小事化了，从而消除矛盾和隔阂。反之，别人对我们的好处，帮助我们的恩情，我们要放大，这样我们才会对他人心怀感恩，也才愿意与他人之间建立良好的关系，从而促使人际关系良性发展。

叶大伯和叶大娘跟着女儿、女婿一起生活。每当女儿、女婿有矛盾的时候，叶大伯和叶大娘总是会当和事佬，尤其是叶大娘，最擅长化解矛盾。

有一天，女儿不知道因为什么事情和女婿发生争吵，叶大娘听到动静就赶紧来充当"救火员"，不由分说地对着女儿一通数落："你这个孩子怎么回事，吵架都怪你，总是欺负大松。你就是脾气坏，动辄就大喊大叫，有什么事情不能好好说呢！"果然，在叶大娘对着女儿一番抢白之后，原本怒气冲天的女婿火气消了，不再揪着之前的问题不放。这个时候，叶大娘又语重心长地对女婿说："大松啊，菁菁脾气不好，你要多包容她。毕竟她除了脾气不好，还是很愿意顾着家，是踏踏实实和你过日子的。你看看，她连钱都舍不得花，从来不像其他女孩那样买昂贵的化妆品、衣服、包包等，对不对？"女婿连连点头，对丈母娘的话非常认可。就这样，会做事的叶大娘一出马，很快就小事化了了。

不过，叶大娘并非总是小事化了，在必要的时候，叶大娘还是很会夸大其词的。前段时间，女婿出差，给叶大娘带了一件羊绒大衣。叶大娘每天都喜滋滋地穿着这件大衣，逢人就说

这件大衣是女婿给买的。就这样，在叶大娘的大肆夸赞下，女婿的表现越来越好。

不得不说，事例中的叶大娘是非常有智慧的。当女儿和女婿吵架的时候，叶大娘会先批评自己的孩子，等到女婿消气了，再对女婿苦口婆心。在女婿有了优点的时候，叶大娘会无限放大这些优点，从而让女婿受到鼓励，进而更加激发女婿努力表现。这样一来，整个家庭都会进入良性的循环之中，变得更加和谐融洽。

当然，每个人都会与形形色色的人相处，牙齿还有咬到舌头的时候呢，更何况是不同的人之间相处，更是会有各种各样的矛盾争执。在这种情况下，要选择适宜的方式给他人回话，这样才有助于与他人保持融洽沟通，建立和谐关系。那么具体而言，如何才能将大事化小呢？首先，要敞开心扉说出真实的内心感受和想法，这样才能进行积极的自我反省，也才能赢得他人的宽容和谅解。否则双方都各执一词，谁也不愿意认输，就会导致矛盾更加激化。其次，要进行理性的思考，想清楚利害关系，权衡利弊，这样才能保证自己有正确的态度，也才能引导对方有正确的态度。最后，不要以为要消除矛盾就必须采取和稀泥的方式，恰恰相反，和稀泥容易让人与人之间的相处失去平衡的状态。当双方争执非常严重的时候，最该做的就是打开天窗说亮话，这样一来，才能起到调节矛盾、化解矛盾的效果。

第 5 章

用事实说话,让你的回话更有信服力

站在对方角度看问题,激发共鸣才能事半功倍

生活中,我们希望对方接受我们的观点时,是否已经习惯了从自身的角度考虑问题呢?当你慷慨陈词的时候,你是否注意到对方情绪的变化呢?当你针锋相对反驳对方的时候,你是否发现对方的脸色由晴转阴了呢?当你一句扫兴的话给对方泼了冷水的时候,你是否发现对方已经兴致全无并有意终止交谈呢?

有个著名的心理策略——换位思考,就是完全转换到对方的角度思考,从而更理解他人、宽容他人,以便得到更准确的判断,说出真正说到别人心窝里的话。

陶行知在育才学校任校长的时候,有一个叫王友的学生,是学校中有名的"孩子王",经常惹是生非。一天,陶行知看见王友用土块砸一个同学,当即制止了他,并叫他放学后到校长室来。

放学之后,陶行知从外面办事回来,远远地看见王友在校长室门前徘徊等候,于是,他赶紧把王友请进校长室。王友以为要挨训,谁知陶行知却掏出一块糖果送给他,并说:"这是给你的,因为你按时来到这里,而我却迟到了。"王友惊疑地接过糖果。随后,陶行知又掏出一块糖果放到他手里,说:"这块糖果也是奖给你的,因为我不让你再打人时,你立即就

住手了,这说明你尊重我,我应该奖励你。"王友更惊疑了,眼睛睁得大大的。陶行知又掏出第三块糖果塞到王友手里,说:"我调查过了,你用土块砸那些男生,是因为他们不守游戏规则,欺负女生;你砸他们,说明你很正直善良,有跟坏人作斗争的勇气,应该奖励你啊!"王友感动极了,他流着眼泪后悔地说道:"陶……陶校长,你……你打我两下吧!我错了,我砸的不是坏人,而是自己的同学呀!"

陶行知满意地笑了,他随即掏出第四块糖果递过去,说:"为你正确地认识错误,我再奖给你一块糖果,可惜我只有这一块糖果了,我的糖果用完了,我看我们的谈话也该完了吧!"说完就走出了校长室。

这就是陶行知与四块糖的故事。这小小的"四块糖",折射出了陶行知高超的批评艺术。在整个过程中,陶行知自始至终没有直接提及王友的错误,而是将对他的关心与期望融入宽松和谐、幽默诙谐的情景之中,通过循序渐进、启发诱导、激励表扬,让王友充分认识到自己的错误。

事实上,那些明事理、重情义的人,他们在说服他人的时候,总是能设身处地地充分考虑对方的切身利益、实际困难。因为,在此基础上进行说服,才称得上是真正的通情达理,也更能令人心悦诚服。而如果丝毫不考虑对方的情感和需要,双方交谈就没有共同的语言,说服就无从谈起了。

因此,我们需要记住以下几条原则:

1. 说话要有耐心

说话时保持耐心，不仅有助于对方理解你话里的含义，更能让我们在说话时厘清思绪。其实，我们也不难发现，不少人正是因为说话没头绪而让自己陷入糟糕的谈话中的。

2. 本着为对方考虑的本意

一些人在说服他人的时候目的性太强，这无疑会加重对方的疑虑，所以，我们要更多地站在对方的立场上考虑问题，要让对方明白你是在诚心诚意地替他着想。

3. 说话顾及对方的面子

与人相处，需要相互尊重。在说话时要注意顾全他人的面子，关注及照顾对方感受，考虑方式方法，做到将心比心，千万不要只图自己一时痛快而逞口舌之快。

总之，如果与人对话时我们多从对方的角度出发，多一点将心比心的理解，多说一些善解人意的话，那么，语言表达就容易引起对方的共鸣，并且产生一种独特的亲和力，而接下来，说服对方也就容易得多。

少说"你"，多说"我"，建立亲近感

我们都知道，在开始说服他人的时候，对方难免心存戒备，对我们的话心存疑虑，然而如果你是对方的朋友，那么，他接受起来就比较容易了。所以，成功说服他人的第一步，就

是要努力消除对方的疑虑，多从对方的角度出发。在具体的语言表达上，我们要记住，不要把"你"挂在嘴边，尽量多说"我"，这样，对方就会明白你是为了他好，你也就更容易获得他的好感，接下来的交流也就容易得多。

其实，说"我"而不是"你"，是利用了心理学上的"自己人效应"。所谓"自己人"，是指对方把你与他归于同一类型的人，而人们往往对"自己人"所说的话更信赖、更容易接受。

因此，在说服他人的过程中，如果你能主动表明你和对方在价值观、态度、兴趣以及其他某些方面相近或者相同的话，就会让对方感觉到你们是同一类人，进而能拉近彼此间的心理距离，最终形成良好的人际关系。

因此，在与人交谈中，你可以这样制造"自己人效应"：

1. 多强调你们之间的共同爱好和兴趣

若与对方有共同点，就算再细微的也要强调，人与人之间一旦有了共同点，就可以很快地消除彼此间的陌生感，产生亲近感。这样不但可以使对方感到轻松，同时也具有使对方说出真心话的作用。

2. 多说"我"，少说"你"

为了能让对方觉得你和他是站在同一战线、是为了他好，你在说话的时候，不要总说"你应该……"，而应常说"如果你这样做，我会很担心的……"

3. 分享对方的感受

无论对方是向你报喜还是诉苦，你都最好暂停手边的工作，静心倾听。若边工作边听，也要及时做出反应，表达出自己的想法或感受，倘若只是敷衍了事，对方得不到积极的回应，他也就懒得与你交谈了。

实际上，即使是刚认识的陌生人，彼此也会有许多相同的地方，或者是共同的兴趣爱好，或者是在籍贯、经历方面有相似的地方。总之，共同的话题可以有很多很多，只要你多花些心思，多一些锻炼，肯定能够找得到。只要找到共同话题，就能为你接下来的说服工作打开通道。

回话时把话说到点子上，切忌绕圈子

现代社会，人们的时间观念都很强，没有人愿意花费太多的时间来听你的长篇大论。所以，我们在说话的时候，切忌绕圈子，而是把话说到点子上。有话则说，长话短说，无话不说，这样才能更准确地传达你的思想。

美国南北战争结束后，宾夕法尼亚等几个州商讨决定把战争中逝去的烈士合葬在国家烈士公墓。

公墓在1863年11月19日举行落成典礼，当时的总统林肯也理所当然地被邀请发表讲话。除了林肯外，演讲者还有美国的前国务卿埃弗雷特。这种情况下，林肯非常清楚自己的处境，在他前面演说的是在美国历史上最有演说能力的人，而自己如果说不好的话，无疑会被在场的人笑话，使得自己颜面尽失。

在典礼上，埃弗雷特那长达两个小时的演讲，洋洋洒洒，确实非常精彩，也获得了听众的掌声。令人意想不到的是，林肯的演说虽然只有十分钟，但这十分钟的演讲，不仅赢得了当时在场的一万多名听众的热烈掌声，而且在全国引起了轰动。

当时有报纸评论说："这篇短小精悍的演说简直就是无价之宝，情感深厚，思想集中，措辞精练，字字句句都很朴实、优雅，行文毫无瑕疵，完全出乎人们的意料。"就连埃弗雷特本人第二天也写信给林肯说："我用了两个小时总算接触到了你所阐明的那个中心思想，而你只用了十分钟就说得明明白白。"林肯这次出色的演讲的手稿被收藏到图书馆，演讲词被铸成金文存入了牛津大学，成为英语演讲的最高典范。

林肯在这次演讲中靠什么取胜？那就是简洁的语言，他那简短有力的讲话比长达两个小时的精彩演讲更深入人心。

那么，从这个角度看，在说服他人时，我们该如何表达，才能体现语言的准确性，让对方对我们产生信任感呢？

1. 语言流畅

语无伦次、前后矛盾、结结巴巴、吞吞吐吐是沟通的大忌，说服他人，我们一定要克服这种情况。不然的话，对方不仅会轻视你，还会怀疑你说话的真实性。需要注意的是，语言流畅并不是要滔滔不绝地说个不停，那样会带来负面作用。

2. 陈述简洁，不可啰唆

简洁的语言最容易让人理解，也最有力度，让人信任，所以简洁陈述是我们说服他人过程中对语言的第一要求。

要想获得对方的信任，就应该尽可能在较短的时间内，简单明了、干净利落地把比较重要的信息传达给对方。

3.表述准确，说话要有条理、有重点

沟通中，如果你说话总是进入不了主题，不仅耽搁了双方的时间，还容易让对方产生不耐烦的情绪，导致沟通失败。说话有重点，才会让人觉得你办事有效率，精明、干练，是值得信赖的对象。

打比方、摆事实，能让说服更有力

有些不会说话的人，在说服他人的时候，语言干涩无味，让人听之昏昏欲睡，更没有继续交谈的欲望。其实，如果我们能在语言中多打比方、引实例的话，就能立刻让你的表达绚丽起来，也能让你的言辞更具说服力。

任何人都具有精明、理智的一面，如果你能够通过有力的证据、有说服力的案例而获得客户的认可，一段时间后，别人对你的信任仍然不会消失。在条件合适的情况下，提供数据支持，甚至提供书面资料，会使说服变得非常轻松。所以在说服中尽可能地运用数据、事例绝对是种行之有效的好方法。

可见，用打比方、摆事实的方法进行说服，可以打破僵局，增进了解，使说服更加有力。为此，我们可以从以下几个方面努力：

1. 摆事实

你的观点是否可信，在于你的证据是否可信，你的论证是否符合逻辑。这需要你列举出一些有说服力的证据，通过论证的方式，将各种方案的优劣、长短逐一比较分析，并从中优选出最佳的方案来。

2. 适当插入一些个人经历

有时候，为了证明某个观点，可以适当地提出一些经历进行补充说明。而在这种情况下，自己的经历最有说服力，因为亲身经历，所以给人的可信度很强。例如，你可以说："我昨天接待了一批外国客户，他们给我们建议……""今天我看见……""我看到这个月，大家表现得很……"这样讲，肯定会有说服力。但是要注意，你所引用的经历必须是对方感兴趣，并能对对方造成影响的事情。

3. 巧妙运用典故

讲话中适当运用一些典故，或引用经典著作，或引用古诗、格言、民谚等，也可以增强讲话的艺术性和深刻性。

总之，在讲话的过程中，我们要善于选择一些比较有代表性的事例来阐述问题。这样可以为你的观点增加点分量，并且能够表明你的陈述是比较客观的。如果缺乏事实的依据，你的讲话就没有信用度可言。当然，也要注意，不要引用过多事实，避免听者厌烦。

好钢用到刀刃上，一句能顶一万句

很多人在说服他人时，会喋喋不休说很多，无论是有直接关系的，还是只有一点点关系的，甚至是没有任何关系的事情也能拿来说。其实，说服他人不是单纯地卖弄嘴皮子。如何说服他人，不招人厌烦，也不会说得自己口干舌燥，这是个技术活。

常言道，好钢用到刀刃上，好话说到点子上。不管什么事情，都要讲求效率。如果能把话说到点子上，那么即使寥寥数语，效率也会很高。相反，如果说的多是不对路子的话，即使说得再多，也见效甚微。我们怎样才能把话说到点子上呢？不妨看看下面的故事吧。

婷婷大学毕业后，来到上海一家二手房经纪公司工作。这份工作，在面试的时候，主管就对她说："一是要勤奋，二是要勤奋，三还是要勤奋。如果你想通过努力改变命运，这个行业是能够满足你的。如果你想不劳而获就过着轻松的生活，那么这个行业根本就没有必要进来。"

工作一段时间之后，婷婷因为工作和一名同事产生了摩擦，彼此间很不愉快，这让婷婷打起了退堂鼓。得知她想辞职，当时面试她的主管说："人年轻，难免会走弯路。如果有过来人把经验告诉你，你就可以避免浪费几年宝贵的青春时光，不再迷茫。"婷婷疑惑地点点头，主管一本正经地对她说："职场上，没有任何一种工作，同事之间的关系会像朋友之间那么轻松愉快,不管你换多少份工作都一样。这么说,你还想用换工作的方式逃避吗?"婷婷认真地思考主管的话,点点头,随即又摇摇头。最终,婷婷还是选择留下来。她经过几年的努力,如今也已经升任主管,也同样会把主管的话说给手下的那些年轻人听。

主管的话虽然不多,但是字字珠玑。她深谙职场的生存之道,不愿意看着刚刚毕业走入社会的婷婷,因为人际关系的一点小摩擦,就放弃正走入正轨的事业。她的这番话挽留了婷婷,也改变了婷婷的命运。如今的婷婷,不管遇到多大的困难都不再想离开,而是一心一意地坚持,战胜困难。

如果话说到了点子上,即使只有寥寥数语,也效果显著。相反,如果话说得根本不搭界,那么就会变成不咸不淡的废话。不管做什么事情,我们都应该瞄准目标再"开炮"。

# 第 6 章

激活你的思维,巧妙利用
回话掌握对话主动权

巧用对比，让你的表达效果翻倍

在回话的时候，一味地阐述并不能起到好的效果，有的时候，不妨通过一定的技巧来进行对比，这样一来，对方只要进行利弊的权衡，就会得到最重要的信息，做出更加正确的判断。

在对比之中，事物的本质被揭露出来，事物的特征变得更加明显，如果我们再恰到好处地提出论点，那么在正确观点的反衬之下，错误的观点会更加显而易见。为此，我们可以使用对比法阐述各种利害关系，解释各种道理，从而让沟通的效果更好。

周六，一个客户走进厨房家电专卖店里，问艾米："你们这款微波炉怎么卖的？"艾米说："我们店里有一款新款微波炉，八千元。"客户一听显然吓了一跳："一个微波炉就要八千元吗？这是金子做的吗？"艾米说："我们的微波炉好啊，可以微波、蒸、烧烤，是三合一款式的。"客户说："那也太贵了。"艾米说："真的不贵啊，我们的核心硬件都是进口的。"客户摇摇头，准备离开，这个时候，张主管马上走上前去，说："如果您不需要蒸箱和烤箱，只需要微波炉，那么只需要几百元就可以买到普通微波炉，一千多就能买很不错款式。不过如果您也需要蒸烤箱,而且厨房也不大,那么我建议您可以购买这个微蒸烤一体机。这个机器是一机三用,可以极大地节省厨房的空间。"听到张主管的话,客户停下离开的脚步,问:"这个微蒸烤的功能怎样?独立的功能都还可以吗?"张主管说:"当然。我们的这款微蒸烤一体机的微波功能和价格三千元左右的普通微波炉差不多,蒸箱和烤箱功能,也不逊色于独立的蒸烤箱。您如果需要微波炉、蒸箱和烤箱,单独购买的话,这三大件加起来至少要一万多元。我们这个呢,只要八千元,而且最近购买还有礼品赠送,最主要的是能节省厨房空间。"客户感到很满意,当即刷卡购买。

客户离开后,艾米敬佩地说:"主管,您可太厉害了。我看客户进门的样子,觉得他连一千元的微波炉都不愿意买。您说着说着,居然让他购买了八千多元的新品。您是怎么做到的呢?"主管说:"艾米,你要抓住客户的心态,给予客户最好的回话,客户来了就是想买的,当然会动心。你看吧,我用对比的方式告诉客户我们的产品虽然贵,但是一机三用,算下来还是比单独购买三大件便宜的。最重要的是,房子多贵啊,我们的产品是可以省空间的。这样一来,客户当然愿意选择我们的产品啦。要用好对比,才能凸显我们产品的优势。"艾米连连点头,由衷地对主管竖起了大拇指。

很多时候,我们一味地阐述道理,或者作为销售员说明产品很好,都不能让客户心动。与其说很多话却没有产生效果,不如采取对比的方式引导客户权衡利弊。当然,为了让对比的效果更好,我们最好不要用陌生事物让客户对比,而是要与客户熟悉的事物进行对比,这样客户才能有更加深刻的了解和认知,也才能更成功地说服客户。

说服力不够?不如让数据说话

要想给他人准确的回话,只凭借语言有的时候会显得很无力,如果语言不能成功地说服他人,我们就要采取列举数字的方式,这样才能让表达显得更加精确。

最近,小马辞掉了之前的工作,正在四处找工作。每次在面试的时候,小马都会被问及此前的工作表现。一开始,小马总是含糊其词,说自己在工作上表现非常好,得到了上级领导的器重,也为公司做出了贡献。但显而易见,面试官对于小马这样的回答并不满意,这直接导致小马几次面试都以失败而告终。

有一次,小马去了一家公司面试。在面试过程中,小马又被问到同样的问题,他还是给出和之前一样的回答。面试官毫不客气地对小马说:"你的回答没有任何实质性的内容,无法让我了解你真实的水平。你有更有力的证据来证明你的能力吗?例如你在前一家公司有什么成就,做出了多少业绩。我们希望看到确切的数据,这是最有说服力的。"小马受到了启发,这次面试之后马上对自己此前的工作成果进行了总结,并且列举出了很多数据。虽然这些数据有的好看，有的不好看，但都是小马真实能力和水平的展现。

后来，小马把这些数据加入自己的简历中，在面试的时候，也努力做到以真实的数据说话。结果才面试了几次，就找到了新工作。

语言有很大的弹性，在很多情况下，弹性的语言能够帮助我们摆脱尴尬，但是有些情况下，一味地以弹性的语言来进行阐述和表达，并不能真正说明和解决问题。比如在面试的时候，就要拿出最具有说服力的数据为自己代言，这才是货真价实的，也是最具有信服力的。

当然，在采取列数据的说服方式时，不要随意捏造数据。如果被发现数据造假，就会彻底失去这份工作。金无足赤，人无完人，一个人不可能面面俱到，与其用捏造的数据来给自己的脸上贴金，不如坦诚相待，用真实的数据为自己代言，也表一表决心，让面试官知道我们未来会有更加出色的表现。这样的真实，反而会让我们得到更多的机会，也更容易得到面试官的认可和赏识。

反向思维，与其说利益不如说弊端

从沟通的角度而言，说服他人有很多的技巧，例如动之以情晓之以理。但是对于某些说服对象而言，只凭着这些技巧不足以让他们心动。在这种情况下，我们不妨反其道而行，采取说出弊端的方式，让对方认识到"不这样做就会导致怎样糟糕的后果"。也许对方不会为利益所动，却不希望看到糟糕的结果出现，为此就会采纳你的建议，做出对大家都有利的事情。

最近，学校里配备了电脑机房，小张在校长的安排下承担起教电脑课和负责管理机房的重任。配备机房的时候是冬天，所以电脑运转良好。然而，半年过去，已经到了炎热的夏天，每次给孩子们上电脑课的时候，总是会出现电脑因为温度过高而死机的情况。小张几次三番劝说校长购买一台柜机空调安装在机房里，并且告诉校长适宜的温度有助于电脑散热，但是校长始终不为所动，而且说一台柜机空调价值不菲，学校里根本没有这么多的经费。

有一次，中心校组织参观活动，校长带着小张一起去参观中心校的电脑机房。一走到电脑机房的门口，小张就感受到扑面而来的凉气。他灵机一动，询问负责介绍机房的周老师："周老师，电脑机房里怎么这么凉快呢？"周老师回答："温度适宜，电脑才运转得快，因为电脑需要散热。"小张假装不懂，故意大声询问："如果电脑散热不好，会有什么后果吗？"周老师说："散热不好，电脑会死机，时间久了，电脑遭到损坏，那可得不偿失。这个机房里有四十几台电脑，价值十几万呢！坏了，谁能负得起责任啊！"小张大惊小怪地说："我还真是不知道，原来我们的电脑最近总是死机，是因为温度过高啊！可千万别坏了，坏两台就够买个柜机空调了！"校长在一旁侧耳倾听,把小张和周老师的对话都听到了耳朵里。下午回到学校,校长就让小张选购一台大三匹的柜机空调,小张暗自得意。

在这个事例中,小张故意询问周老师电脑过热的严重后果,校长在听到后果那么严重之后,果然当机立断批准小张购买一台柜机空调。小张以这样不动声色的方式说服了校长,不可谓不聪明。

人都是主观的,每个人都会在不知不觉的情况下从自身的主观角度出发考虑问题。而采取说出弊端的方式,可以让他人更加深刻地认识到如果不怎么做就会导致怎样的糟糕后果,为了避免这种后果真的发生,他人只能更加深入地分析,从而让自己尽量做出明智的判断和选择。

比喻,让你在回话时的表达更绚丽

很多优秀的文学大师在创作作品的过程中,都很擅长运用比喻的修辞手法,从而让自己的作品能够更加形象生动,得到更多读者的认可和欣赏。其实,不但书面文字可以以比喻的方式变得生动,口头语言也同样可以采取比喻的方式,让回话变得更加形象生动,让听话的人从我们的语言中获得愉悦的感受和生动的趣味。

有个盲人从来没有见过大象,很想知道大象长什么样子。

为此，就去问甲。甲告诉盲人："大象就是大象的样子啊，没有什么其他的样子。"但是，盲人根本不知道大象的样子，他还是不明白。

后来，盲人认识了乙。盲人对乙说："你可以告诉我大象的样子吗？"乙于是去买了一个大象的模型回来，并告诉盲人："你先摸摸这个大象的模型，知道大象大概的样子，我再把大象到底有多大描述给你听，好不好？"盲人把模型仔仔细细地摸了好几遍，说："我知道大象大概的样子了。"乙这才告诉盲人："大象的模型特别小，真正的大象非常大，有一层房子那么高。大象的腿是圆柱形的，就像你在高大的建筑物里抱住的圆柱那样粗壮。大象的鼻子特别长，大概有三四米长。大象的耳朵实际上相当于十几个蒲扇那么大，一扇动就会有风。"听到乙的描述，再结合刚才摸索的模型，盲人欣喜地喊道："我知道大象是什么样子了，谢谢你！"

对于盲人而言，如果他从没有看过大象，就很难想象出大象的样子。幸好乙非常聪明，先是让盲人摸索模型，而后又采取作比喻的方式告诉盲人大象身上每个部位的形状和大小，这样一来，盲人就可以大概知道大象的样子，也对于大象有了初步的印象。

以熟悉的事物给别人作比喻，会帮助他们了解和熟悉陌生的事物。这样的回话方式很容易引起他人倾听的欲望，也能够最大限度满足他人的好奇和想要了解某些事情的欲望。在作比喻的时候，一定要把握恰当的原则。作比喻固然是一种很好的表达方式，但是不要泛滥。比喻还要避免牵强，若是把雪花比作盐一样，就不如把雪花比作柳絮，因为盐只具备雪花的洁白和形状的相似性，而柳絮则与雪花从天上纷飞而下的情景更加相像，也会使得比喻的效果更好。

晦涩难懂的问题，运用打比方更易让人理解

回话的时候，如果所说的内容非常深奥，或者听话者的知识水平和理解能力有限，则可以采取打比方的方式，让表达深入浅出。

很多从事培训或者咨询行业的人，都很擅长以打比方的方式给他人回话，让他人容易听懂。有些从事专业工作的人，在和外行人说话的时候，也需要运用打比方的方式，深入浅出，从而与外行人形成理解和共鸣。

作为一名医生，刘军常常需要和不懂医学的患者进行沟通。有一次，刘军接待了一个患者，这个患者年纪很大，关节出现退行性病变。刘军和患者进行了长时间的沟通，患者也不明白为何自己没有受到外界的伤害，关节就不好了。最终，刘军对患者说："老人家，您家里有用了很长时间的家具吗？"患者点点头。刘军又说："那么，您觉得这件家具使用了这么多年，还和之前一样好用吗？"患者摇摇头。刘军继续说："其实，您并没有损坏这些家具，对不对？但是它们有年头

了,所以用起来就不那么方便和好用了,对吧?"老人看着刘军,又点点头。刘军说:"人身上的这些部件啊,也和年头久了的家具一样,虽然没有被损坏,但是时间久了就会有自然的磨损。我们要去维修这些部件,让他们更好地为我们服务。你先吃些药看看效果,只要没有其他问题,就不会瘫痪的。"这么说着,老人总算听懂了刘军的意思,也就不再担心自己会因为关节不好用而瘫痪在床了。

医生当然是一个专业性很强的职业,作为医生,除了要有很高的专业技能,能够为患者诊断和治疗疾病外,还要能顺畅地与患者沟通,让患者了解自己的病情。并且要懂得如何给患者和家属进行回话,让他们尽量情绪平稳地接受病情,怀有积极的态度进行治疗。

打比方,一定不要用更加难懂的东西来进行阐述,而是要本着深入浅出的原则,用更简单的东西来打比方,这样才有助于对方理解。此外,打比方的对象可以非常灵活,而不要局限于某些特定的事物,其实只要是有助于对方理解的事物,就可以用来作为沟通的媒介,这样一来才能使沟通事半功倍。从心理学的角度来看,说服别人并非那么难的事情,最重要的是要掌握一定的方式方法,同时也要根据说服的对象因人制宜,根据说服的场合因地制宜。只有面面俱到,考虑周全,才能让打比方起到最佳的作用和效果。

开开玩笑，让谈话氛围更轻松

在给他人回话的时候，如果所要说的是比较沉重的话题，或者是会引起他人尴尬的话题，那么为了起到更好的回话效果，营造出轻松愉悦的氛围，不妨采取开玩笑的方式，把一些原本很难说出口的话以半真半假的口吻说出来，这样不仅可以起到隐晦的表达效果，也可以给对方一定的心理缓冲，让对方更容易接受。当然，开玩笑也是要有限度的，还要注意很多的忌讳，否则非但不能起到良好的回话效果，还会导致事与愿违，使得交谈无法继续进行下去。

4月1日愚人节，上午十点钟，秘书接到老板的电话，老板说："我采购了一批物资，让男同事们都下楼，准备搬物资。"秘书接完电话，赶紧让男同事们下楼。男同事们下楼后，等了很长时间都没有等到物资，忍不住给秘书打电话："物资在哪里啊，怎么还没到呢？你赶紧问问老板，我们都等了这么久了。"秘书给老板打电话："老板啊，物资在哪里呢？所有男同事们都在楼下等着物资呢。"老板说："哈哈，你们都上当了，今天是愚人节啊。看在你们都这么好骗的份上，我给大家订购了午餐，请你们吃午饭哈。"

秘书忍不住哈哈大笑起来，又把这个消息通知给了在楼下等着的男同事们。男同事们虽然上当受骗了，但是都很开心，中午吃着老板请的豪华便当，大家一改往日里觉得老板刻板严肃的印象，都觉得老板很可爱。

在这个事例中,老板以开玩笑的方式和同事们过愚人节,让大家都感到非常开心和高兴。这是因为老板因时制宜,借助愚人节的机会帮助同事们活跃气氛,因此才能得到同事们的一致认可和好评。如果开玩笑不讲究时间和场合,则会导致效果变得不同。

具体而言,应该怎么做呢?

首先,开玩笑要区分时间和场合。例如,在参加葬礼的时候,是绝对不适合开玩笑的。此外,在正式的严肃场合里,不要以玩笑的方式插科打诨,而应言行得体。

其次,和任何人开玩笑,都不要涉及隐私,哪怕是关系再亲近的人,如果涉及隐私的问题,也可能会导致对方恼羞成怒。

最后,开玩笑要因人而异,对于职位比我们高的人,对于长辈,都不要随便开玩笑。此外,作为男性也不要随随便便就和女性开玩笑,否则一旦把握不好尺度,就会导致异性之间的相处变得尴尬。除了要区分交谈对象的身份、地位、职位,还要看交谈对象的脾气秉性、性格涵养等,只有综合考虑,才能把玩笑开得恰到好处,也才能让玩笑起到预期的作用和效果。

第 7 章

转换思路，柳暗花明，棘手问题也能轻松拿下

发散性思维，让提问者出乎意料

所谓惯性思维，就是根据此前回答问题的思路，不假思索就做出回答，甚至对于问题都没有弄清楚。在惯性思维的影响下，我们常常会陷入回答的误区之中，也会因为思维的局限性和影响力，导致回答问题因循守旧，没有新意。

那么作为回话者，要想真正贴切地回答问题，就要打破惯性思维，让回答出其不意。尤其是对于别有用心的提问者，这样做可以识破提问者的诡计，出乎提问者意料。这样一来，作为回话者，我们就可以占据主动，也可以牵着提问者的鼻子走。

作为公司里的新人，小张因为工作表现还算不错，为人也很谦虚低调，深得老板的喜爱。有一段时间，老板策划着去国外出差的事情，因为出国的机会很难得，所以同事们都很希望能够陪同老板出国，包括很多工作多年的同事。然而，老板心里其实想带着小张一起去。思来想去，老板决定想个办法让这件事情变得名正言顺。

一天中午，大家吃完午饭都在办公室里休息和闲谈，老板当着所有人的面问小张："小张，听说你在大学里英语学习很不错啊！"小张不假思索回答："哪里，哪里，也就一般般。"这个时候，有几个同事马上领会到老板的意思，当即自告奋勇:"老板,我的英语过了八级,还自学了商务英语,一定能给您当好翻译。""老板,我的英语很好,尤其口语非常流畅。"这个时候,小张才醒悟过来老板是想给他名正言顺出国的机会,但是他显然没有领会老板提问的动机,导致失去了这个机会。最终,老板带着那个英语过了八级的同事出国,小张懊悔不已。

显而易见,小张因为遵循惯性思维,不合时宜地谦虚,就这样眼睁睁地看着陪老板出国的好机会不翼而飞。要想给他人恰到好处的回话,就一定要理解和领悟他人的意思。如果他人是好意,我们就要顺着他人去说,如果他人是恶意,那么我们也可以早做准备,占据回话的主动权。如果不能理解他人提问的潜在动机,那么我们回答问题的时候就常常会因为不明就里,而说出错误的话,错过很多机会。

避重就轻,有效地避开锋芒

面对很多带有一定刁难意味的问题,一旦回答不好,就是搬起石头砸自己的脚,为此对于回话者而言,这些带有刁难和质疑意味的问题,都是非常棘手的。尤其是在回话的时候,如果涉及位高权重的人,则回话就要更加有水平,这是非常考验回话者智慧的时刻。

面对这些很尖锐的问题,在回答的时候,可以采取避重就轻的方式。当然，要想做到避重就轻并不容易，必须确定提问者的动机，还要对提问者深层次的用意更加清楚，这样才能抓住提问者问题中的小小漏洞或者是疏忽之处，有效地避开锋芒，换个角度圆满回答问题。

最近，乐乐因在学校里售卖小东西、有偿借书给同学，而被班委罚抄课文。但这处罚不符合班规，所以乐乐不服。又因为班主任老师偏袒班委，乐乐还和班主任老师发生了不愉快，为此班主任打电话让乐乐爸爸去学校当面沟通。

得知问题的缘由，爸爸当即向老师保证不允许乐乐再在班级里卖东西，也必须遵守课堂秩序。当天回到家里，爸爸也的确给乐乐做好了工作，乐乐表示会遵守班级规定。但是，乐乐对于老师偏袒班委的做法很不认同，说老师不够公正。为此，爸爸对乐乐说："乐乐，你看爸爸妈妈每天负责管教你和小妹妹，就已经非常辛苦和劳累了。但是老师每天要管好班级里四十几个孩子，所以只靠着一个人的力量根本不可能做到，必须依靠班委配合。这件事情发生在班级里，如果老师不维护班委的威信，则未来很多同学违反纪律都会不愿意听班委的话。这样一来，班委还如何帮助老师协调纪律呢，对不对？"乐乐想了想，说："好像也有点儿道理。"

当父母夹在老师和孩子之间，尤其是在明知道老师做得的确不够公正的情况下，父母如何才能帮助孩子解开心结，让孩子继续尊重、爱戴和信任老师，这是非常重要的，也是很难做到的。最糟糕的做法就是父母维护孩子，当即和孩子一起指责老师做得不对,这当然会纵容孩子,对于孩子的学习和成长都没有任何好处。明智的父母会避重就轻,避开老师不够公平的事实,选择安抚孩子的情绪,帮助孩子解开心结,这样孩子未来才能和老师好好相处,也会很认真地学习,很愉快地去学校。

人世间的很多事情都没有绝对的对错之分,也并不是非黑即白的。作为一个人,我们固然要感性,但也要学会理性分析问题,这样在面对很多问题的时候,才能给出更加周全的回答。

反守为攻,适时把问题抛给对方

有些人的问题就像是连珠炮一样发射出来,往往打得我们避之不及,无法招架。实际上,这些问题并非都需要正面回答,当我们觉得自己已经词穷的时候,不妨采取提问的方式,这样一来就可以变被动为主动。这是一种非常巧妙的回应方式,可以应对很多的问题。

当然,使用这种方式给他人回话的时候要注意频率,不要每当对方提出一个问题,我们就踢皮球,这样一来难免会给他人留下不够真诚、油嘴滑舌的印象。如果真的遇到自己不了解的领域,也不适合用提问的方法把问题还给对方,不如直截了当地承认自己在该领域的无知,这比含糊其词地回答或者盲目踢皮球,效果要更好。

作为应届大学毕业生,小丽最近正在四处奔波着面试。这一天,小丽参加了一家大企业的面试。面试的前半部分进展非常顺利,面试官对于小丽各方面的条件和在现场的表现都非常满意。就在面试即将结束的时候,面试官突然问小丽:"请问,您知道我们公司最近几年的发展变化吗?"小丽不由得一惊,但是她马上恢复平静,对面试官说:"我对贵公司的发展历史有一定的了解,不过对于最近几年的发展变化,的确没有太深入的了解和认知。请问,您可以告诉我贵公司最近几年的发展变化吗?我想这对于我在被聘用之后,更好地投入工作中,为公司的发展贡献一份力量,是非常有好处的。"面试官对于小丽的回答非常满意,微笑着点头,说:"那请说说公司的历史吧!"小丽因为此前做好了功课,所以把公司发展史上几次重要的大事件都进行了详细阐述。面试官忍不住对小丽竖起了大拇指,对小丽说:"请回去等通知吧,你很符合我们的用人要求。"果然,才离开公司没多久,小丽就接到了公司人事部的聘用通知。

面对一个棘手的问题,小丽之所以能回答圆满,是因为她有一说一,没有对面试官敷衍了事,而是坦白承认自己的确不知道公司近几年的发展和变化。在小丽头头是道说出公司的发展历史之后,面试官知道小丽的确为了面试做了很多的功课,也很希望能够成为公司的一员,所以他们相互都选择了对方。

面对他人提出的难以回答的问题,如果对方本身没有恶意,我们可以坦然承认自己不会,也可以怀着虚心的态度向对方请教。如果对方怀有恶意，那么我们则可以当即提出问题，把难题踢给对方。需要注意的是，即使把皮球踢给对方，也要采取适宜的方式方法，让自己不卑不亢，保持尊严。

意见相左，也不必硬碰硬

在与他人沟通的过程中，因为每个人的意见和观点都是不同的，所以我们和他人之间难免会因为意见分歧产生各种异议。每个人都是这个世界上独一无二的生命个体，所以每个人的意见观点都有很大的不同。面对他人提出的异议，我们也要保持情绪平静，心态平稳，而不要一下子就爆发，导致沟通无法继续下去。

最近，张大爷和张大妈要回老家扫墓。硬座车票卖空了，为了省钱，他们坚决不买卧铺票，而宁愿买无座票。对此，儿女们都不同意。儿子说："省那几个钱够干什么的？一大把年纪了，躺几个小时多舒服"对于儿子的劝说，张大爷和张大妈不以为然。

闺女看到儿子以失败告终，也来劝说。闺女对张大妈说："妈妈，你本来腿脚就不好，腰也不好。四五个小时的车程，让你一直站着或者坐在矮小的马扎上，你能受得了吗？要是因此而导致腰疼、腿疼的毛病犯了，我还得带你去医院，既要花钱检查，我请假还得扣工资，省下来那几十元真的得不偿失。"听了闺女的话,张大妈当即坚定态度:"坐坐卧铺,不听你爸爸的,放心吧!"

在这个事例中,儿子劝说之所以失败,是因为他很小瞧省下来的钱,让爸爸妈妈感觉心里不舒服。而闺女之所以能够劝说成功,是因为闺女没有否定张大爷和张大妈想要省钱的想法和做法,而是把为了省钱有可能导致腰腿疼痛的后果说出来,最终使得张大妈意识到只为了省钱可能会得不偿失。为此,张大妈马上就权衡了利弊关系,做出了正确的选择。可以说,儿子张口的第一句话就奠定了劝说失败的结果,而闺女的第一句话就是为了张大妈的腰腿考虑,所以注定能够获得成功。这就是回话的学问和艺术。

闺女劝说之后,张大妈一定会感慨还是闺女贴心,知道自己的腰腿不好,也愿意省钱。常言道,打蛇要打七寸,这是因为只有抓住蛇的七寸,才能一招控制住蛇,避免被蛇咬伤。那么在给他人回话的时候,我们一定要洞察他人的内心,这样才能一语中的,打动他人的心,也让他人怦然心动。

随机应变,灵活调整,让难题迎刃而解

人们常说,心若改变,世界也会随之改变。这是因为只有在心改变的情况下,我们的人生才能豁然开朗。很多时候,真正限制和禁锢我们的,不是外部的世界,而是我们的内心。解

第7章
转换思路,柳暗花明,棘手问题也能轻松拿下

决问题时,我们要采取发散性思维,给他人回话我们同样要采取发散性思维,换个角度看,会别有洞天。

成功学大师卡耐基经常会对一些学员展开培训。有一次,他为了召开筹备已久的培训,特意租用了一家酒店的大堂。然而,眼看着培训的日子就要到了,卡耐基也已经发函通知了各地的学员培训酒店的地址,这个时候,酒店的经理突然通知卡耐基:"要么提高租金到三倍,要么换其他场地培训。"卡耐基非常生气,也感到十分震惊。他原本当即就想与酒店经理理论,后来转念一想:酒店经理的工作就是为酒店创造更高的利润。为此,卡耐基转变想法,在认真思考合理的解决方案之后,才拿着纸和笔去找酒店经理。

卡耐基给酒店经理算了一笔账:"把酒店以更高的租金租出去,或许可以在眼下赚取更多的利润。但是,却会失去我的大批学员作为准客户。我的学员们都是成功人士,他们莅临酒店参加培训,肯定会为了方便而吃住都在酒店。只要酒店的服务让他们满意,说不定他们未来出差来这个城市,也会选择在熟悉的酒店里落脚。您想想,到底是赚取眼前的小利更重要,还是赚取长期的大利更重要呢?"在卡耐基的一番分析之下,酒店经理连连点头,最终卡耐基成功说服酒店经理只涨30%的租金。

原本会是一场唇枪舌剑,为何最终卡耐基能够把危机化解于无形,也让酒店经理把大堂的租金涨价幅度降到最低呢?就是因为卡耐基很善于换位思考,站在酒店经理的角度上来分析利弊,最终让酒店经理心服口服。

在改变思路的过程中，要想实现最好的结果，就要学会站在对方的角度上思考问题。众所周知，销售工作是难度很大的工作，但是，大多数优秀的销售员都有一个秘诀，那就是尽量站在客户的角度出发考虑问题，满足客户的需求。尤其是在回话的过程中，哪怕他们想要说服客户，也不会否定客户的观点，而是先认可客户，再迂回曲折地劝说客户接受他们的观点。这样一来，才能起到最好的回话效果，不至于引起客户的反感。

立场坚定，才有强大的说服力

在观点有分歧的情况下，沟通实际上变成了一场博弈，人人都希望对方能够接纳自己的意见和观点，人人也都希望在博弈的过程中占据上风，获得胜利。然而，人心是这个世界上最复杂的，还总是处于变化之中。有的时候，作为回话者，我们非但没有成功地说服他人，反而被他人说服，不得不说，这样的回话就是失败的。

为何会出现这样的情况呢？一则是因为对方立场坚定，说服力量很强大，二则是我们本身的立场不够坚定，有太强的附和心理。常言道，不忘初心，方得始终，我们在回话的时候一定要坚定立场，才能达到回话的目的。

作为一所私立学校的执行校长，其实徐校长手中的权限很有限。所以每当有亲戚朋友找徐校长要求减免学费的时候，

第7章
转换思路，柳暗花明，棘手问题也能轻松拿下

徐校长都很为难。有一次，表哥找到徐校长，说："我家儿子想去你的学校上学，就凭着咱们的关系，你怎么也要给点优惠吧！"徐校长顾左右而言他，掏钱请表哥大吃一通。表哥吃饱喝足，临走的时候说："别忘记了我拜托你的事情啊！"后来，徐校长一直都没有给表哥回话，表哥以为没问题，就带着孩子和钱来办理报名手续。当着会计的面，表哥说："你们的徐校长是我的表弟，我和他打过招呼，学费给优惠了！"会计说："我没有接到徐校长的通知，而且我们学校从来没有学费打折的情况，哪怕是董事长的亲戚来上学，也必须照章办事。"闹出这个乌龙，表哥很生气，虽然还是交了学费报了名，但是表哥对徐校长意见很大。

有了这次教训之后，徐校长一改往日里含糊的回话风格，不管有谁来找他问学费打折的事情，他总是直截了当地拒绝。渐渐地，前来请求减免学费的人越来越少，徐校长感到如释重负。

给他人回话时，一定不要忘记坚持立场，尤其是对于很多需要明确回话的事情，更不要含糊其词、打哈哈。当然，拒绝是要讲究方式方法的，既要做到拒绝他人而不得罪他人，还要让对方理解我们的苦衷和难处，这样才能起到最佳的拒绝效果。如果需要拒绝的事情有明确的规定，那么就可以以规定作为挡箭牌，表示自己也必须尊重规定，不能擅自做主。

不管采取哪一种回话的方式，最终的目的都是恰到好处地拒绝。开门见山也好，委婉曲折也好，直截了当也好，弯弯绕绕也好，都要达到回话的目的，实现回话的效果。

第 8 章

面对客户,学点高情商回话术,自信从容应对难题

高手回话

巧妙回话，才能引导客户思维

作为一名销售员，谁还没遇到过几个难缠的客户呢？对于我们所说的话，如果客户觉得不满意，或者表示质疑，那么我们一定要及时给客户回话，打消客户心中的疑虑。要想做到这一点绝不简单，我们必须主导客户的思维，从而避免客户提出难以回答的问题。当我们成功地引导客户提出我们想要回答的问题时，可以说针对客户的营销工作就成功了一半。

引导客户思维，并不是件简单的事情。不得不说，这需要高超的回话技巧，我们既要把话说到客户的心里去，也要得到客户的认可和赞赏，这很难。在职场上，很多销售员在推销过程中总是被客户牵着鼻子走，常常会被客户问得哑口无言，也有一些销售员能够主导客户，把握住客户了解产品和决定购买的心理节奏。抓住客户的核心需求，发掘客户的兴趣点，这样才能更好地展示产品，最终使得客户认识到购买产品是他们最好的选择。

玛丽家里正在进行装修，决定利用周末时间去几家经营窗户的门店，选购窗户。

进入一家门店，玛丽问老板："老板，有什么好的断桥窗户推荐吗？我想要金刚一体的。"老板说："金刚一体的窗户价格比较贵,我建议您可以选择其他的窗户,虽然是组装的,但是质量也是非常好的。"玛丽还是坚持问:"你告诉我,好点儿的品牌,金刚一体的窗户多少钱一个平方?"老板说:"从三千元到五千元不等。"玛丽琢磨了一下:"的确很贵啊,我家得有二十多个平方呢!"老板说:"您为何必须要金刚一体的?其实普通的窗户家用足够,质量也是特别好的。"玛丽说"我担心质量不好,不能保障安全。"老板听到"安全"两个字,不由得心中一动:"您要是担心安全问题,完全没有必要。其实金刚一体的厚度是加上纱窗的,如果去掉纱窗的厚度,本身窗户的厚度根本没有最厚的普通窗户那么厚。例如这一款窗户,材料很厚,型材很大,除了不是整体的之外,丝毫不比金刚一体的差。就算您选购进口的窗户把手和锁,这个窗户算下来也就大概一千元一个平方。"在综合考量和权衡之下,在老板再三保证其安全性丝毫不逊色于金刚一体之后,玛丽终于下定决心订购了这款窗户。

  在这个事例中,老板成功地主导了玛丽的购买决策过程。这一则是因为老板推荐的产品的确很好,二则也是因为老板能够从玛丽的角度,考虑玛丽的真正需求,为玛丽推荐最为合适的产品。只有满足客户需求的产品,才能得到客户的认可和接纳。否则就算产品再好,若不能满足客户的需求,那也无法成功地打动客户的心,让客户实现购买行为。

  一个优秀的销售者一定能够引导客户的思维,使得客户按照他们的节奏去进行思考。真正高明的销售,是把销售化为无形,也许在沟通的过程中就能搞定客户,让客户更加重视和尊重我们的意见。

客户嫌贵,这样回答让他觉得物超所值

不管销售员销售的是价值很高的产品还是价值很低的产品,都常常需要面对客户的嫌弃:价格太贵。很多销售员正是因为不知道如何回话,才导致影响了客户的购买心态,甚至使得原本都要达成交易的一笔生意鸡飞蛋打。要想提升销售能力,就必须学会应对客户的嫌贵心理,给予客户及时和到位的回应。

俗话说,嫌贵才是买货人。很多时候,客户不仅嫌弃一件产品的价格太贵,也会嫌弃某件东西的质量不好。这样的嫌弃之中,只有极少数人是真的不想购买,是真正的嫌弃;而当大多数人一边嫌弃,一边还在拿着东西看来看去,或者对于产品进行认真检查的时候,则意味着他们是想要购买这些东西的,所以才会找借口砍价。

作为一名化妆品推销员,娜娜的销售业绩在全公司都是最好的。这正是因为娜娜很擅长给客户回话,尤其是对于那些嫌贵的客户,娜娜都能搞定。

一个周末,萌萌接待了一位穿着普通的中年女性。她看中了一套基础护理套装,问萌萌:"这一套多少钱?"萌萌

回答:"2680元。"客户的脸上明显露出惊讶的表情:"这么贵,还只是基础套装?"萌萌说:"这个套装的性价比是很高的。通常情况下,我们的小套装要卖到1980元,这个套装相当于小套装两倍的量,价格只比小套装贵700元,特别划算。"客户还是觉得贵,萌萌未免有些不耐烦,说:"我们的价格就是这样的,我们的化妆品的质量也是非常好的。"听到萌萌这么说,客户明显表现出不悦的表情,说:"你们的化妆品这么贵,都是给富太太用的吧!"

眼看着萌萌和客户之间要说得不愉快,娜娜赶紧来帮忙,对客户说:"这位女士,我看您气质不俗,一看就是知识分子。如果您注重基础护理,这个套装其实是非常划算的。通常,我们的一个小套装可以用四五个月的时间,这个大套装是加量装,可以用到一年的时间。虽然需要2680元的确挺贵的,不过平均到一年的时间里,每天才不到10元呢!我觉得,如果每天只要花不到10元就能解决皮肤问题,还是很值得的,毕竟我们每天都要见人呢!而且您的皮肤很白皙,底子非常好,用了这个基础套装会让面部更加水润,就算不化妆,您也会给人耳目一新的感觉。"娜娜这一番话说下来,客户脸上的表情由阴转晴。她问娜娜:"马上就要过年了,你们有什么促销活动,价格可以便宜些吗?"娜娜说:"我现在就和主管申请能否以新年特惠的价格给您。"说着,娜娜拿起电话给主管拨过去,当着客户的面很努力地和主管申请,终于为客户争取到的折扣价2180元。看到娜娜付出这么多努力,客户不好意思继续砍价，当即决定购买。

销售全在一张嘴，嘴巴会说话，就能把回话说到客户的心里去，让客户怦然心动。嘴巴不会说，就会导致客户心生不悦，甚至因此而打消已经产生的购买欲望。要想把回话说好，只凭着三寸不烂之舌是远远不够的，还要非常用心，了解客户的所思所想，这样一来，才能让客户对我们产生信任的感觉，愿意听从我们的建议。尤其是在客户说贵的时候，我们一定要坚持以正确的方式给客户做出回应，而不要随意地否定客户的感觉，更不要因为客户嫌弃贵就瞧不起客户。

具体而言，面对客户嫌贵的话，销售员可以做到以下几点。第一，可以采取比较的方法证明本公司的产品质量比其他产品好，但是价格并不比其他产品高。第二，可以采取平均法，把价格比较高的产品价格平均分配到使用年限里，这样一来，金额就会显得小很多。第三，还可以使用拆散法，把产品的主要部件或者功能进行合理拆分。

总而言之，销售员必须回答好客户嫌贵的问题，才能有的放矢地消除客户的疑虑，打消客户的心结，也才能让客户更快速地决定购买。

客户投诉和质疑？别慌，这样化解危机

作为销售员或者客户服务人员，常常需要面临客户的质

疑和投诉。这些质疑和投诉或者是因为产品质量，或者是因为售后服务，或者是因为产品的功能。要想解决好这些质疑和投诉，作为客服人员，我们就要了解客户的核心需求，洞察客户的心理状态，才能有的放矢地满足客户的心理需求，也才能把客户服务工作做得更加到位，让客户无可挑剔。

在对方说起诉求的时候，我们作为客服人员要先认真地倾听，而不要随意反驳对方。有的时候，平复对方情绪的最好方法，不是给对方所谓的指导和建议，而是认真地倾听对方，适时地给予对方回应。当然一切的铺垫都要回归到正题上，那就是对客户的需求马上响应，迅速满足，甚至给客户提供超越他们期望的解决方案。唯有如此，才能挽回客户此前对于产品和公司的恶劣印象，也才能真正把坏事变成好事。

作为一名品牌服装销售员，佳佳最近遭遇了一件乌龙事件。原来，佳佳上个周末卖出去一套高档西装，价值高达八千元。想到买这么贵的西装的客户一定知道如何保养西装，佳佳就没有特别叮嘱客户清洗西装的注意事项。然而，才过去一个多星期，客户就来找佳佳："你这个小丫头怎么骗人呢，八千元卖给我一套西装，才洗过一次就不能穿了，这皱皱巴巴的像是什么样子呢，简直和垃圾一样。"看着客户丢过来的西装，佳佳简直要晕倒，当即说："先生，这是一套纯羊毛西装，您是不是放到洗衣机里洗了呀！"客户回答："是啊，你也没告诉我要如何洗涤啊！"佳佳有些崩溃："难道您没穿过西装吗？西装都是要干洗的呀，尤其是羊毛西装！"客户听到这句话很不乐意:"是啊,我是个土包子,没穿过羊毛西装,但是你作为销售人员也没有告诉我。你没有尽到告知义务,害得我八千元打了水漂,你必须给我赔偿!"

这个时候,客户经理及时赶到。他以平静的语气问客户:"先生,请您把事情描述一遍给我听。"客户觉得客户经理是个能管事的,为此把整件事情详细讲述给客户经理听。客户经理说:"先生,我很理解您的感受,毕竟这套西服价值不菲,才穿了几天就损坏了,的确很让人心疼。您希望我们如何解决呢?"客户说:"至少给我退款一半。"客户经理说:"即使给您退款一半,您也损失了四千元。您看这样行不行,您把这套西服留给我们,再加一千元钱,我们给您换一套新的。我知道这件事情的主要责任在销售人员没有和您说清楚,不过您也穿过了这套西服,您看行不行?"客户想了想,感到很高兴,当即付款一千元,说:"那当然更好。我也不是来讹钱的,我是真心不希望发生这样的问题。"就这样,客户带着一套新的西服走了,还对客户经理表示:"就凭着你解决问题的态度,我还会再来你们商场的。"

为何这个事件的处理结果会这么好呢?就是因为在这次事件中,客户经理的态度至关重要。他先是以倾听的方式安抚了客户的情绪,接下来又给客户提出了超出预期的解决方案。看起来,前期的倾听似乎无关紧要,实际上对于整件事情的解决影响很大。如果没有倾听的过程,客户的情绪不可能恢复平静,也就无法在后来进行良好的沟通。

在这个世界上,面对人的工作是最难做的,这是因为人的心非常复杂,思想也一直在发生变化。要想做好人的工作,我们就要更加深入了解他人的心思和思想,这样才能因人制宜,给出最好的回话。

客户提出无理要求,如何回绝才不失礼貌

虽然大多数客户在为自己争取利益的时候,都能考虑到公司经营的营利需要和作为销售员的权限,但是也有极少数客户为了以最低的价格买到最好的产品,会提出不情之请。作为销售员,面对客户提出的无理要求时,应该怎么做才能既解决问题,又维护好客户呢?

作为一名二手房经纪人,朱莉在工作上的表现一直都很好,销售业绩在公司里始终名列前茅。然而,因为朱莉所在的公司服务收费比同行业的其他公司高,所以朱莉时常被客户质疑收费太贵,也有的客户会以高额回报为诱惑,撺掇朱莉甩掉公司,与客户私下交易。

对于客户要做私单的请求,朱莉十分尴尬。如果显得太过义正词严,就显得像是在指责客户;如果不坚决拒绝,又会导致客户产生希望,总是有这样的念头闪现。如何把握好严词拒绝和维持客户关系之间的度,这是一个难题。有一天,又有一个客户这样要求朱莉,朱莉灵机一动,说:"张先生,别说

这一单您给我一万元,您就算是把全佣六万元都给我,我也不能这么做。您想啊,我人到中年,上有老下有小,就算不在这个公司从业,也要去同行其他公司从业。我这么做,一旦传出去,还有哪家公司愿意用我呢?您花多少钱也不能让我砸掉饭碗啊,否则以后都没有办法生存和养家了。"

朱莉的这番话说得合情合理,客户表示非常理解。后来,朱莉又从服务费高低的角度给客户进行梳理,告诉客户,和服务费相比,房子本身的价值更大,因此交易的安全才是第一位的。最终,客户对于说话合情合理的朱莉非常佩服,也非常尊重朱莉对公司忠诚的表现,很满意地通过朱莉买到了合适的房子。

不得不说,朱莉的情商是非常高的,把一番话说得合情合理、滴水不漏,既让客户知道了她的心意,也让客户无法指责她不帮忙,反而还能赢得客户的尊重和信任,可谓一举数得。销售员要想更好地为顾客服务,就要与顾客维持良好的关系。但是,有的时候顾客并非总是通情达理,面对不讲道理的顾客,我们不能生气,而是要采取适宜的方式表明自己坚定不移的态度,彻底打消对方的不情之请。

有的时候,客户为了达成自身的目的而提出不合理的请求,实际上,针对他们的真实目的,还有其他可行的解决之道,只是客户没有想到更合理的解决方式而已。那么我们就可以在了解客户真实目的的基础上,给客户提出更加合理的建议和更圆满的解决方案。只要最终帮助客户解决了难题,相信客户不会要求我们一定要按照他们所说的不合理方式去做的。

认真思考，回话时才能避开思维误区

俗话说，常在河边走，哪能不湿鞋。这就告诉我们，当一个人经常做某些事情，即使做得再好，也不可能保证每一次都获得百分之百的成功。给他人回话也是如此，即便一个人很擅长人际沟通，能做到熟练地回话，也难免会因为粗心大意而陷入思维的误区，导致在回话的时候出现漏洞。越是对于熟悉的领域或者是经常回答的问题，我们反而会因为自以为熟能生巧而导致心里不够重视，使得错误百出。只有认真慎重地对待每一个交谈对象，我们才能最大限度把话回好，也才能在回答的时候保持思路的清晰和严谨。

一直以来，作为汽车推销员，张坤都对黑色的汽车情有独钟，因为他觉得黑色的汽车显得非常沉稳，也很百搭。为此，每当有客户询问张坤应该购买什么颜色的汽车时，张坤都会不假思索地回答黑色。殊不知，如果客户本身就很喜欢黑色还好，而如果客户喜欢的是其他颜色的汽车，张坤却给出了黑色的回答，那么客户大多借着要考虑的借口离开，再也不回来。因为这个原因，张坤的汽车销售业绩很差，他却不知道问题出在哪里。

有一天，张坤接待了一个老妇人。张坤问妇人："夫人，请问您需要一款什么样子的汽车？"妇人想了想说："我看到我姐姐的白色福特很漂亮，所以想换一辆新车。你有好的建议吗？"张坤当即指着一辆新款SUV说："这是我们的新款，有黑色，还有摩卡金色。您喜欢哪种颜色？"显而易见，张坤所说的颜色里没有老妇人喜欢的白色，为此老妇人简单看了看车，就去隔壁的4S店里。到了店里，面对销售人员的询问，老妇人说了同样的话，销售人员马上说："白色的车特别清爽，也不显脏。我们新出了一款白色的迷你SUV，非常适合您开，有很多有品位的女性都选择了这款车。"说完，销售人员把老妇人带到白色的汽车面前，又针对车子内部的装饰进行了详细的介绍。老妇人马上喜欢上了这款车子，说："我就是想买一辆白色的，我姐姐的新车就是白色的。"很快，老妇人就付了全款，提走了车子。

  在这个事例中，张坤的销售之所以失败，是因为他完全无视客户的特别需求，而采取习惯的方式回答问题，结果导致老妇人对于他的推销工作非常不满意。在另一家4S店里，老妇人明显感到自己是被尊重的，因为她看到了自己梦寐以求的白色车子，还得到了销售员非常好的服务。两方面综合作用，老妇人马上付款购车。

  在职场上，不管是面对同事还是上司，或者是面对客户，都有很多问题尽管常见，却并不容易回答。只有端正心态，采取正确的态度面对各种问题，我们才能以合理的方式应对，以良好的方法解决问题。

第 9 章

对话领导,这样说话帮你快速赢得赏识

回领导话，一定要及时

倾听是构成有效沟通的必要部分，在倾听过程中，反馈是尤为重要的。这些反馈包括适当的眼神交流、适时提问，等等。当然，这些在倾听过程中所作出的反馈应该是及时的，而不是等领导说完了半天，你才给出一个反应，这时领导已经不那么在乎你的反馈，你的反馈自然也是毫无任何价值的。

这天中午，主任饶有兴致地给大家讲了一个笑话，平日里主任是不善言谈的，正因如此，可能在进行语言表达时缺少灵活性和形象性，等他把笑话讲完了，下属却还是在那里面面相觑，似乎没听懂笑话的意思。那位主任讪讪地笑了笑，脸色有些尴尬。

过了一会儿，有位下属突然明白过来，哈哈大笑了起来，一边笑着一边说："主任，你讲的笑话确实有点冷，我现在才想清楚。"主任回答说："是吗？"不过他的注意力好像并不在这件事情上，那位下属还想继续说下去，但看见主任的神色，识趣地闭上了嘴巴。

通常情况下，当我们饱含热情地说一件事或谈论一个人的时候，特别希望倾听者能够及时给予回应，从而让我们感觉不是一个人在唱独角戏。其实，听领导说话也是一样的道理，下属的反馈一定要及时，否则正所谓过期不候，你的反馈将无任何价值。一个优秀的倾听者，在对方说每一件事情的时候，他都会及时地给出回应，或是附和对方的观点，或是点头同意，或是微笑，或是皱眉，表示对所说的情况也很关注。及时反馈，会让说话者感觉到倾听者的认真以及期待，于是，说话者会更有兴趣继续说下去，而彼此之间的距离也会越来越近。

回上司话，不可长篇大论

在职场上，回答上司的提问是每个人都要面对的问题。如果是进行书面表达，尚且可以进行仔细的斟酌，如果是进行口头表达，则很多下属会因为心情紧张而导致说话颠三倒四、啰里啰唆，无法做到思路清晰、简明扼要。越是如此，越是要多多回答上司的提问，这样才能一次又一次地进行练习。当然，同样的问题不会再来一次，但是只要我们很认真地反思，就可以在下一次的时候把问题回答得更好。这样不停地反思，争取做得更好，就是进步的过程。

快到傍晚，卡耐基夹着公文包走入办公室，对秘书莫莉说："莫莉，给我准备下明天的演讲材料。"说完，卡耐基就把手里的几页资料递给莫莉。莫莉飞快地准备材料，终于赶在下班之前完工。次日，卡耐基拿着演讲材料去参加演讲。他走上演讲台，照着演讲材料进行开场白："各位先生、女士们，关于提升奶牛产奶量的问题……"卡耐基才说出来一句话，台下的听众们就哄然大笑。卡耐基意识到自己拿的演讲材料是错误的，赶紧放下演讲材料，开始脱稿演讲。演讲很成功，卡耐基赢得了听众们的掌声。

结束演讲，卡耐基回到办公室。莫莉正在看报纸，看到卡耐基回来，赶紧问："先生，演讲一定很顺利吧！"卡耐基说："是的，我刚刚开口，台下就一片爆笑声。"莫莉有些莫名其妙，带着疑问的眼神看着卡耐基，卡耐基把演讲稿递给莫莉，说："我想我不去努力也没关系，只要这么演讲，大家就都会哈哈大笑。"莫莉看到演讲材料，意识到自己因为着急犯了错误，她没有为自己辩解，当即向卡耐基道歉："先生，我很抱歉，我保证一定不会再发生这样的情况。"卡耐基微微一笑，说："如果不是这一次事件，我还不知道原来自己脱稿演讲的能力也那么强呢！"从此之后，莫莉再也没有因为粗心而犯错。

在这个事例中，莫莉的粗心给卡耐基先生带来了很大的麻烦。莫莉意识到自己的错误后，没有辩解，而是简明扼要向卡耐基保证以后不会再犯这样的错误，正因如此，莫莉才能得到卡耐基的谅解。

作为下属，在给上司回话的时候，尤其是在犯了错误后给上司回话的情况下，一定不要说那么多的理由和借口，而是要当机立断承认错误，表示歉意，否则就会被认为是在推卸责任。在向上司承认错误和道歉的时候，一定不要采取模棱两可的话。

人在职场，在必要的时候主动承担责任，给予上司最真诚的歉意很重要，这会让上司觉得我们是值得托付的。上司就是我们在职场上的贵人，我们除了要对上司展示工作上的实力和能力之外，还要对上司展现我们高超的语言表达能力和回话技巧。

倾听领导说话，要以表情辅助回应

在倾听领导说话时，除了必要的一些言语回应，还需要做出一些非语言的回应，非语言的反馈包括点头、微笑等，在倾听过程中，适宜的表情回应会让领导感到你对他的说话很有兴趣，就会愿意与你交谈，并对你留下很好的印象。当然，倾听过程中的表情反馈是适宜的，这将意味着你的表情需要随着领导所说的内容的变化而变化，比如当领导在讲述自己当年的光荣事迹的时候，作为倾听者应该配合敬佩、欣赏的表情；当领导者在讲述自己曾经失意的事情，作为倾听者应该配合理解、惋惜、遗憾的表情；当领导者在安排工作的时候，作为倾听者应该配合专注、认真的表情。倾听者的表情要应景而生，才会让说话者感觉到你是在认真地倾听，而并不是敷衍了事。

酒会上，主任王姐依靠着栏杆，在酒精的作用下想起了伤心往事，不禁小声啜泣起来。李秘书正好路过这里，面带关心的表情,亲切地问道:"王姐,怎么了?"王姐靠着李秘书的肩膀,哭着说:"我又想起了那次车祸,想念我失去的亲人。虽然我现在工作做得很好,但每每受到公司嘉奖的时候,我就想起他们,如果他们还在我身边,能够分享我成功的喜悦,那该是多好啊,可惜他们不在了。为什么会这样呢?为什么上天不把我一起带走呢?为什么留下我一个人痛苦地活着呢?"

李秘书拍拍王姐的肩膀,表情有些悲伤,有些惋惜,但很快表情变得专注而认真,她说道:"我明白,那真是件不幸的事情,但你已经熬过来了,逝者已矣,活着的人更需要坚强,或许他们已经看到了你今天的成绩,正在另外一个世界为你加油呢,所以,我希望你能坚强地走下去。"王姐点点头,情绪也好了很多。

在倾听王姐诉说过去痛苦的事情的过程中,李秘书的表情表现得恰到好处。看到王姐在小声啜泣,李秘书面带关心的表情,适时询问;在得知王姐情绪波动的缘由之后,李秘书表示惋惜、遗憾,但马上表情变得认真而专注,因为她要鼓励王姐坚强地活下去。如果李秘书的表情一直是惋惜或遗憾,那会加剧王姐内心的痛苦,她也很难从痛苦中摆脱出来。

总而言之,倾听过程中表情的适宜,主要表现在你的表情要配合领导的情绪。在倾听时要保持专注、投入的表情,切勿出现漫不经心、心不在焉、无精打采等神态。

巧用疑问句，激发领导表达欲

在倾听领导说话的过程中，如果只是敷衍而木讷地听领导讲述也是不行的，还需要鼓励领导继续说下去，所以，在倾听的过程中要适时地提问，以引起领导的注意和说话的欲望。当领导在说某一件事情的时候，他不可能一口气地说完，而是中间会有适当停顿的时间，其实这个空白就是留给倾听者作出反馈的。对于领导者说的话，下属肯定会有许多的疑惑或不解，不妨就以提问的方式作为反馈，比如"后来怎么样了？""当时可真够辛苦的，没想到你还是坚持了下来，是什么力量促使你支撑到现在的呢？"通过提问，领导会觉得原来你在认真听他说话，领导会根据你的提问而作出相应的回答，从而更有了继续说下去的兴趣。

公司年会上，酒过三巡，王董又向别人讲起了自己的创业史。新来的同事小松并没有走开，反而把身子往前挪了挪，神情专注地听王董的光荣战绩："想当年，我不过也才这般年纪，不怕吃苦，不怕遭人白眼……""您说得对，我们这一代就是缺点不怕吃苦的精神，看来我得向您学习啊。"小松随声附和，接着问道："听说，您当年那会儿，做销售特别难，您是怎么咬牙坚持下来的？"王董来了兴致，回答说："是啊，那时候只要有人看着我提着袋子去敲门，他们都会将门关得紧紧的，我连个问候都来不及说出口，别人就把我拒之门外了。那段时间真是艰难啊，产品卖不出去，我就只好东一餐西一顿，每天都是勉强不挨饿……"

在小松的适时提问之下，王董越说越起劲，因为他觉得自己所说的话有人愿意听，那么自己就有了继续说下去的欲望和兴趣。同时，小松不时向自己提问，那表示对方对自己说话的重视和支持，这也成了自己继续说下去的动力之一。

在倾听领导说话时，下属要懂得适时提问。当然，在提问时不应该连续提重复的问题。对同一个问题，一旦你问了两次或两次以上，领导就会觉得你不过是在敷衍他，并没有认真地听他讲话，对你的印象也会大打折扣。此外，提出问题之后应该保持安静，等待领导回答，如果这时候你自问自答或者抢答，领导会感觉到你并没有尊重他。若领导回答不够完整，要有耐心听下去，也可以采用适当的语气继续追问。

第 10 章

敏感话题，巧妙化解避免陷入被动

贵在真诚，用心回答恋人的问题

情侣之间关系亲密，为此沟通和交流也会更加频繁。曾经有婚恋专家经过调查研究发现，大多数情侣之间之所以感情发生危机，就是因为他们的沟通出现了问题。沟通不顺畅，使得情侣误解了彼此的意思，也使得情侣之间的感情发展不顺利。相反，与情侣相处相比，陌生人之间的相处则会更加粗线条，也因为彼此关系疏远，对于对方没有那么高的要求，所以相处起来反而更容易。

那么，情侣之间如何才能更好地沟通呢？尤其是当另一半提出一个很难回答的问题时，又要怎么回话才能起到最好的沟通效果呢？让我们先来看看下面这个案例。。

最近，小朱和女朋友薇薇安吵架了。薇薇安总是对小朱提出各种琐碎的要求，还命令小朱不管什么时候都必须第一时间接听她的电话，回复她的微信。这天上午，小朱正在开会，女朋友打电话过来，他只好挂断女朋友的电话。结果，女朋友非常生气，当即发信息说再也不愿意搭理小朱，还要和小朱分手。晚上回家后，尽管小朱和薇薇安解释了自己正在开会，薇薇安依然不依不饶，还大哭起来。小朱也感到有些生气，不愿意继续哄女朋友开心。一气之下，女朋友拿出行李箱收拾了衣服，要离开小朱。

这个时候，小朱想到：要是薇薇安离开了，再想让她回来就会很难，而且我们的感情也会生分。虽然薇薇安有些任性，但是她其他方面还是很好的，我们已经相处一年多了，我必须珍惜。如此想来，小朱当即拦住准备离开的薇薇安，说："你还忘记了一件东西。"薇薇安对于小朱的话不明就里，小朱一本正经地说："你忘记带我了，我也是属于你的。"听了小朱的话，薇薇安忍不住破涕为笑，当即和小朱和好如初。

情侣相处原本就因为关系亲密而变得很难，具体而言，在情侣相处的过程中，一定要把握以下几个原则，这样才能让双方相处更加愉快。

首先，情侣之间更要用心地倾听。很多情侣觉得自己非常了解对方，为此忽略了对对方的倾听，而在一起的时候又因为手机这个"第三者"的介入，所以常常出现各自抱着手机、相对无言的尴尬局面。不得不说，每个人的心思每时每刻都在发生变化，情侣之间要想更加深感情，促进关系，就一定要学会倾听。

其次，很多情侣相处的时候都特别较真，这完全没有必要，只有把感情放在第一位，我们才能更好地与相爱的人相处，用感情经营关系。

最后，有了负面情绪要及时表达出来，有了任何问题都要第一时间解决，而不要让各种糟糕的问题和负面情绪不断积累，直至产生严重的问题，无法挽救和弥补。人，不应该是情绪的奴隶，而应该成为情绪的主人。每个人只有真正地主宰和驾驭自己，才能控制好自身的情绪，避免在极端的情绪状态下做出不理智的事情。

越是容易回答的问题，越是容易出现错误

在回话的时候，如果对方的提问恰好是我们所擅长的问题，我们就会忍不住得意忘形起来，心中想道："真好，这个问题我会啊，简直是小意思啦！"这么想着，我们就会因为轻视问题而口无遮拦，不能认真慎重地进行思考，也无法把问题回答得恰到好处。

其实，越是容易回答的问题，反而越是容易出现各种错误。这就像是孩子们考试，出现错误导致丢分的并不是那些难题，反而是那些擅长的、简单的题目。这是因为孩子们一旦看到题目简单就会产生轻视心理，在回答问题的过程中也就会出现纰漏。作为成人，也会陷入这样的陷阱之中，为此不要觉得问题很好回答，就马上得意扬扬。切勿卖弄，而是要务实求真，也要坚持自己的原则和底线。

三国时期，杨修在曹操麾下。众所周知，曹操非常聪明，但疑心很重，还很嫉妒别人的才能。

有一次，曹操去检查花园修建的进展，在参观花园之后，一句话都没有说，只是在大门上写了一个"活"字，就离开了。大家都不明白曹操的意思，这个时候杨修说："'门'里

第10章
敏感话题，巧妙化解避免陷入被动

加'活'，就是'阔'，丞相觉得门太宽了。"后来，曹操又去花园，看到花园的大门已经改得窄一些了，不由感到非常惊讶。得知是杨修猜出了他的意思，曹操陷入了沉思。

后来，曹操和刘备对峙，陷入了进退两难的境地。一天晚上，值班的军官问曹操夜间以什么话作为口令，曹操不假思索地回答"鸡肋"。杨修得知口令是"鸡肋"，当即命令部下收拾行李，还四处说曹操不日就将撤兵。大家都不明所以，问杨修为何要这么说，杨修得意地说："丞相觉得如今的战局就像鸡肋一样食之无味，弃之可惜，肯定是要撤兵了。"听到杨修分析得有道理，很多将士都开始收拾行囊，曹操得知真相，当即下令砍掉杨修的脑袋。

杨修的确很有才华，仅凭着曹操非常隐晦的言行举止，就能洞察曹操的内心。遗憾的是，杨修没有把自己的才华用在该用的地方，反而肆无忌惮地揣测曹操的心意，还扰乱军心，这才让曹操决定杀了他以绝后患。

越是在自己擅长的领域里，我们越是要踏踏实实，老实本分地回答问题，不要故意卖弄。尤其是当对于别人的提问动机了解得不透彻的情况下，更是要认真慎重地分析别人的用意，这样才能知道别人想得到怎样的回答。

反问法，把难题重新抛给对方

现实生活中，我们常常会遭到他人不怀好意的提问，这些提问带有很大的恶意，提问者往往是想通过这样的方式让我们感到尴尬。对于这样的恶意提问，我们不能一味地退让和迁就，而是要采取适宜的方式反驳对方的提问和观点，这样一来才能合理捍卫自己的权利和利益，也才能做到有力地反击他人，避免他人再次想欺负我们。反问是一种很有力量的回击方式，往往会出乎提问者的预料，让提问者应接不暇。

最近，萧伯纳创作的戏剧《武器与人》正在大剧院里上演，虽然已经演出了好几场，但是依然场场爆满。这一天，演出结束，萧伯纳和往常一样走上舞台，对观众们鞠躬感谢。观众们看到萧伯纳走上舞台，全都非常热情，给予了萧伯纳经久不息的掌声。正在此时，有个不和谐的声音喊起来："萧伯纳，你的剧本太糟糕了，就像垃圾一样让人恶心。你还是赶紧卷起铺盖回家吧，你的剧作应该马上停止演出！"听到这话，大多数人一定会觉得脸上挂不住，也会马上辩解。然而，萧伯纳不愧是大家和名家，只见他面不改色，镇定自若地对这个高喊的人说："这位朋友，我早就想按照你说的去做，但是现场有这么多给这出剧报以掌声的观众，我的确无法控制他们的热情。难道我能指挥他们回家，禁止他们再次来到剧院吗？"被萧伯纳以这样的方式一反问，高喊的人脸上红一阵白一阵，感到非常难堪，赶紧灰溜溜地离开了剧院。

萧伯纳非常聪明，虽然当众被一个不知名的观众质疑和侮辱，他却做到了不动声色，对对方的看法表示认可。但是，接下来他话锋一转，说到了自从戏剧开始表演之后人们热衷于观看的盛况，最终以一句机智幽默的反问提醒对方不要自找难看。

当然，任何时候要想机智巧妙地回答问题，同时也把问题回答得恰到好处，都不是一件容易的事情。要想把反问的方法用好，我们就要提升自己的综合能力和水平，这样才能让自己变得思维敏捷、文思泉涌，也才能不断地激励自己积累知识和经验，从而做到从容地应对很多场合下的尴尬情况。

大智若愚，有些问题不妨装装糊涂

大家都想当聪明人，没人想做个糊涂人，但是大家想想，事事聪明就真的好吗？其实不然。人世间凡事复杂善变，我们不可能把每一件事都搞得清清楚楚，而且有些事情越是清楚越是让人烦恼。所以古人有"大智若愚"和"难得糊涂"之说。

"大智若愚"，糊涂是一种不露声色的智慧，它不是真的无知，相反，它是一种宽容，一种气量，一种修为。世上有些原则性的事情可能有必要去坚持，但有些非原则的事情却不必过分较真，甚至还要多一点糊涂。因为，"糊涂"方为大悟。

首先。要明白什么是"糊涂"。"糊涂"不是傻，也不是一种消极避世的心理，而是一种处事智慧，做到"装糊涂"必须首先要把握好"糊涂"的界限。该糊涂就糊涂，不该糊涂就不糊涂。

其次，做人不要斤斤计较。因急于证明自己的清白而为一些小事一争到底的人是愚蠢的，这样做只会白白地损害自己的形象，惹人耻笑。如果你能更大度一点，对这些无关紧要的小事一笑置之，那么你一定会赢得更多人的尊敬。

最后，要懂得收敛自己的锋芒。在你辉煌之时，若一味地展露才干，表现得完美无瑕，难免会遭人猜忌。他人防备的是你的才华和能力，而不是你的缺点和瑕疵。如果你不懂得装糊涂，不懂得急流勇退，就难免遭受压制。

其实，糊涂的人人缘更好，他不会事事与人计较，也不会让人过于防备，平时乐呵呵的，人们看到他就觉得舒坦很多。朋友们，别过于聪明，糊涂一点又何妨，糊涂才是处世的大智慧。只有懂得了这一点，才能笑看天下。只有做到知而不露，才能在不断变化的环境中避免是非缠身。

巧用类比，让你的表达更易被理解

郑板桥早年在扬州，家中贫困。一年除夕他赊了一只猪头，刚下锅，却又被屠户要了去，转手卖了高价。为此他一直记恨在心，直到后来到范县做官，还特别规定杀猪的不准卖猪头，自己吃也要交税，以示对屠户的惩罚。

第10章 敏感话题，巧妙化解避免陷入被动

夫人闻之，感到不妥。一天她捉到一只老鼠，把它吊在房里。夜里老鼠不住地挣扎，郑板桥一宿没睡好觉，满肚子的怨气。

夫人解释说她小时候好不容易做了件新衣裳，被老鼠啃坏了，所以记恨老鼠，只要抓到就要惩罚。

郑板桥听后笑了："兴化的老鼠啃坏了你的衣装，又不是山东的，你恨它是什么道理？"夫人说："你恨的不也是扬州的屠夫吗，为何对山东的屠夫如此苛责呢？"

郑板桥恍然大悟，随即吟诗一首："贤内忠言实难求，板桥做事理不周。屠夫势利虽可恶，为官不应记私仇。"这个故事里，郑板桥夫人通过拿"老鼠咬破衣裳"的事情和郑板桥恨屠夫曾经做过的事情作类比，让郑板桥恍然大悟，从而达到说服郑板桥的目的。

其实，我们在与人交流时，常常会有这样的体会，有时我们滔滔不绝地说了大半天，结果仍然无法把自己的意思说明白。其实这件事自己心里很明白，但是直接讲出来听众未必清楚，这时候该怎么办？不妨运用类比法，把它与听众熟悉的事情相比较。类比法是一种比较普遍的说话方法，它能让你把问题回答得更生动、更具体，巧用类比，你才能更好地学会表达。

灵活的类比，可以达到以其人之道还治其人之身的效果。它一般可以分为两种形式，一种是仿用对方的言语来还击对方；一种是仿用对方用过的方法或技巧来还击对方。只要能做

到用对方的话还击对方，那言下之意，就是对方说的话是打自己的嘴巴。

使用这种方法对别人进行说服时，不直接指出对方观点中的错误，而是采用和对方观点相似的做法去说，从而在说服对方的同时又保全了对方的尊严。在运用这种技巧说服别人时，一定要选用生动的例子，深入浅出，这样才能更好地说服对方。

第 11 章

幽默加持,魅力倍增,让你的回话趣味横生

掌握幽默，快速"破冰"助你轻松打开局面

与人交往的过程中，很多时候，我们常常因为交流双方不熟悉，沟通存在目的性或者沟通双方不善言辞而无法打开和谐的沟通局面，此时，懂得幽默便能使双方内心的紧张释放出来，化作轻松的一笑。因此，在沟通中，幽默语言如同润滑剂，可以使我们从容地摆脱沟通中可能遇到的困境。

社会生活中，不论你是普通的一员，还是身居要职，善于运用幽默的力量，总能让自己受益匪浅。你不仅要善于幽默地调侃他人，也要能接受他人的幽默调侃，如此才能赢得友谊，在社交活动中游刃有余，赢得成功。如《围城》里的方鸿渐就是一个颇具幽默感的人。

在方鸿渐刚回国时，他在家乡的一所中学举行了一次演讲。方鸿渐的开场白是这样的：

"吕校长，诸位先生，诸位同学：诸位的鼓掌虽然出于好意，其实是最不合理的。因为鼓掌表示演讲听得满意，现在鄙人还没有开口，诸位已经满意地鼓掌，鄙人何必再讲什么呢？诸位应该先听演讲，然后随意鼓几下掌，让鄙人有面子下台。现在鼓掌在先，鄙人的演讲当不起那样热烈的掌声，反觉得有一种收了款子交不出货的惶恐。"

第 11 章
幽默加持，魅力倍增，让你的回话趣味横生

这个开场白显然很成功，让方鸿渐立刻受到了众人的欢迎。幽默是一瞬间智慧的火花，让生活充满乐趣。幽默是社会活动的必备礼品，是活跃社交场合气氛的最佳"调料"。那些生活经验丰富的人无不重视幽默的力量。使用幽默的语言，是展现你风采的一种重要方式，它同时是一种默契形式，能使得你与他人之间的相处变得宽容、友善，使严肃的话题变得轻松。幽默是一种艺术、一种润滑剂，面对严肃的话题时幽默一下，会产生较好的效果。

当然，最好的幽默话题往往是那些自嘲或中立性质的。因此，你可以以你自己为幽默的对象，针对自身的一些小缺陷或者不足开个玩笑，好像自我打趣似的，这样就不会冒犯别人。相互攻击有时也很风趣，但对初学者来说不宜尝试，应该避免使用。

施展幽默，让交流充满无尽的欢乐

人际沟通的最大杀手便是枯燥。"话不投机半句多"，谁也不愿与一个严肃、沉重的人交谈。沟通间，幽默的言谈可以给他人带来欢乐，也能让自己拥有愉快的心情。拥有幽默的人生活愉悦，并能拥有快乐的人生。

有一位聪明的小伙子，用一连串的成语为自己的婚礼增添了无穷的欢乐。小伙子姓张，新娘姓顾，他借两人的姓做了一次堪称经典的恋爱过程介绍：

"我是新郎，我姓张，我的新娘姓顾。我们在还没有认识时，我是东'张'西望，她是'顾'影自怜。我们认识之后，我'张'口结舌去找她，她说她已经心有所属。我于是'张'皇失措，劝她改弦更'张'，在我的再三请求下，她终于'顾'此失彼。我大'张'旗鼓地追求她，她左'顾'右盼地等着我，时间久了，我便明目'张'胆，她也无所'顾'忌。于是，我便请示她择吉开'张'，她也欣然惠'顾'。"

小伙子的调侃令大家喜笑颜开，满堂生辉，使整个婚礼弥漫着其乐融融的气氛。这个故事也从一个侧面说明，幽默的成语具有神奇的魅力。成语具有很强的生命力，在我们与他人交谈的过程中，风趣巧妙地运用它，会让他人感受到我们的内在素质和幽默感，提升我们在他人心目中的地位。

以下方法也可帮助你活跃沟通氛围：

1. 拿自己开涮

懂得运用自我贬低、自我解嘲这种方法制造幽默的人往往都是幽默高手，这会收到欲扬先抑、欲擒先纵的效果。众人将在哄笑声中重新把你抬得很高。自我贬低既可活跃气氛，又能博得他人好感。

2. 夸张赞美

抬高他人有时候也能产生幽默效果，但这种方法并不等同于虚伪地恭维、奉承，善意的抬高会立即使整个气氛变得异常活跃。老朋友、新同事见面后，不免介绍寒暄一番，这是个极好的活跃气氛的机会。

3.寓庄于谐

社交生活中,你不需要时刻紧绷着自己,自始至终保持庄重气氛就会显得紧张。即使是那些需要庄重的场合,面对那些严谨的问题,同样可以用风趣、幽默的语言来表达。

以幽默推进交流,直抵他人内心

有一天,法国画家奥拉斯·韦尔纳正在勒芒湖边作画,一个女青年向他走了过来,并对画家的作品提出了一些修改意见。

第二天,在一艘回巴黎的船上,他又碰到了这位女青年。这位女青年对他说:"先生,一看你就是个法国人,听说大画家奥拉斯·韦尔纳也在这艘船上,你能介绍他给我认识吗?"

"小姐,你真的很想见他吗?"

"是的,先生,我非常地想见他,要知道,他可是我心中的神话。"

"哦,亲爱的小姐,不必那么麻烦了,因为昨天上午你已经认识他了,并且你还给他当了一回绘画老师呢!"

这里,奥拉斯·韦尔纳刚结识这位女青年的时候,并没有道明自己的身份。而当他开完玩笑后,女青年便了解自己身边的先生便是自己"心中的神话",并且,这个"神话"并没有端着高高的架子,而是如此的幽默、风趣、平易近人,于是,

高手回话

两个绘画爱好者的深层次交流便开始了。

据说，以前上海有位大学教授叫姚明晖，他身体瘦弱，却总是穿着宽大的袍子。到了冬天天气变冷，姚教授头戴大兜帽，从远处看去只露出一副眼镜、尖尖的鼻子和一撮翘翘的山羊胡须，十分滑稽。

一天上课，姚教授穿着和平时一样的装束，走进教室。只见黑板上不知哪个调皮学生用漫画笔法画了一只人面猫头鹰，而那人面画得活像这位满腹经纶的姚教授。姚教授站在黑板前面看了一会儿，脸上毫无愠色。拿起了一支粉笔，一本正经地在漫画旁写道："此乃姚明晖教授之容也。"写完之后，大家笑了。姚先生也笑了。那位提心吊胆的漫画作者舒了一口气，对教授产生了一种高山仰止的尊重和敬意。

当姚教授看到黑板上的漫画时，他知道那是学生们的恶作剧，是学生们在笑话他那副尊容，这时他如果冲学生们发火，那么结果只能变得更坏，自己丢的脸会更大，所以他不冲学生们发火，而是自己主动地指出黑板上画的就是我姚明晖，在这种情况下，学生们只顾上笑，而忘记了他丢了脸面，并且此举还会让学生们由衷赞叹他那博大的胸怀。

当然，制造幽默、开玩笑，是要起到让大家大笑的目的，因此，关键是你自己不能先笑，更不能提前给听众"打预防针"。假如笑话还未开始，你便说："我讲个笑话给你听，这个笑话可好笑了！"这样，对方在内心会产生一种想法：你的笑话肯定不好笑，你才会这么说，我就不笑给你看！所以，讲

第11章
幽默加持,魅力倍增,让你的回话趣味横生

笑话前一定不能事先透露,出其不意才会制造幽默。

自嘲,是最高级的幽默

在你身边,什么样的人最受欢迎?你一定会回答:有幽默感的人。而最受欢迎的幽默方式是什么?答案一定是自嘲。它是一种生活的艺术,也是对人生挫折和逆境的一种积极、乐观的态度。

在一个宴会上,服务员倒酒的时候,由于不小心,倒在了一个顾客的秃头上,很多人都惊呆了,请客的主人感觉自己丢了面子,怒气冲冲地要把老板叫来赔罪,而服务员更是吓得面无人色,手足无措。然而,这位客人并没有丝毫的愤怒,而是用毛巾擦了一下湿漉漉的脑袋,笑吟吟地对服务员说:"美女,你以为这种方法治疗秃顶会有效吗?"在场的人听了都不禁笑了起来,尴尬的局面也被打破了,那位服务员更是感激得不知道说什么才好。

这位客人用自己的玩笑话,既展示了自己宽广的胸怀,又维护了自我尊严,同时还给那位粗心的服务员提供了一个台阶,算得上是一举三得了。

人们要想做到自我解嘲,就要保持一颗平常心。这不是很容易就能做到的。只有对名利地位、物质待遇等等采取超然物外的态度,才能心怀坦荡,乐观豁达,才谈得上自我解嘲,精神上才

可以轻松起来，自己才可以活得更加潇洒和充实。

一次，陈毅到亲戚家过中秋节，进门就发现一本好书，便专心读起来，边读边用毛笔批点，主人几次催他去吃饭，他都不去，主人就把糍粑和糖端来。他边读边吃，竟把糍粑伸进砚台里蘸上墨汁直往嘴里送。亲戚们见了，捧腹大笑。他却说："吃点墨水没关系，我正觉得自己肚子里墨水太少哩！"

人们喜爱陈毅，难道和他的这种豁达、幽默的性格没有关系吗？

嘲笑自己的缺点和愚蠢，是幽默的最高境界。然而，自嘲也需要掌握好尺度。如果我们尖刻地嘲笑自己，他人会觉得我们真的愚不可及，那我们只会自取其辱。如果我们内心充满了爱来嘲笑自己，就能达到某种和蔼可亲的超脱。因为我们自认愚蠢，但不顾影自怜。

人际交往和沟通中，自嘲是不可多得的灵丹妙药，别的招不灵时，不妨拿自己来开涮，至少自己骂自己是安全的，一般不会讨人嫌，除非你指桑骂槐。智者的金科玉律便是：不论你想笑别人怎样，先笑你自己。

幽默言辞，能化解尴尬窘境

生活中，我们每天都会接触很多人、很多事，就要与人

第 11 章
幽默加持，魅力倍增，让你的回话趣味横生

沟通，但在沟通过程中，我们不可能绝对掌控沟通场景，有时候，沟通氛围难免陷入尴尬境地，那么，此时，我们该怎么办呢？化解尴尬的方法自然有很多，但最好的方法莫过于幽默法。事实上，当交流陷入尴尬的境地时，无论是名人还是普通人，运用一些幽默技巧，都可以让自己摆脱尴尬，有时甚至还会给对方以反击。这就是幽默的超级效用。

有一次，林肯正在演讲时，一个青年递给他一张纸条。林肯打开一看，上面只有两个字：笨蛋。

林肯的脸上掠过一抹不快，但他很快便恢复了平静，笑着对大家说："我收到过许多匿名信，全都只有正文，不见写信人的署名；而今天正好相反，刚才这位先生只署上了自己的名字，却忘了写正文。"

从这里，我们可以发现，幽默者多有宽阔的胸襟与深厚的智慧。这则案例中，如果林肯一本正经地解释，恐怕不知要费多少口舌，而听者却仍然莫名其妙，也不能为自己解除困境。因此，我们要想利用幽默法突破尴尬窘境，就要和林肯一样，具备一种良好的心理品质，当然，这种心理品质，是人们在长期的生活中养成的。它能够使人敏锐地发现生活中的趣事，既能看到可笑的一面，又能看到可爱的一面。有这种对生活的领悟，才可能理解幽默，才能有幽默的谈吐。

但必须强调，幽默并不是讽刺，它或许带有温和的嘲讽，却不刺伤人；它可以以别人，也可以以自己为对象，而在这当中，便显示了幽默与"被幽默"的胸襟与自信。在社交场合，

说话带些风趣和幽默更能体现出一个人的修养和礼仪，显示出一个人的人格魅力。

如果遇到意外事件，或者难以直接回答的问题，可以用幽默诙谐的方法来摆脱窘境，给自己下台的机会。不必捧腹大笑，不必脍炙人口，有时一个微笑、一个小小的恶作剧，就会让你豁然开朗，拨云见日。

第 12 章

调转话头,掌握节奏回话也能反客为主

要想把回话回好，先把情绪调整好

在全国范围内，山东的大馒头都以柔软且有韧性和嚼劲而闻名。要想让馒头同时具备这两种特点，关键在于和面时面和水的比例，比例合适做出的馒头才会软硬适中。

同样，要想把回话回好，就要先调整好感情，让自己的感情色彩适宜，这样才能做到回话软硬适中。如果回话太硬，能把人噎死，而回话太软，又未免会被人误认为是个软柿子。没有人愿意得罪所有的朋友，也没有人愿意被人捏来捏去，既然如此，就要保持合适的感情和态度，这样一来才能保证沟通顺利进行下去，取得良好的沟通效果。

妻子特别爱跳舞，有的时候丈夫下班早，就会和妻子一起去跳舞。最近这段时间，丈夫工作特别忙，有一天妻子独自去跳舞，认识了一个新舞伴，跳得很开心，居然跳到了深夜。由于妻子的手机没电了，丈夫打妻子的电话打不通，非常着急。后来，妻子一看时间已经深夜十二点了，不敢回家打扰丈夫，因此就去了附近的娘家休息。

凌晨一点，丈夫把电话打到丈母娘家里，气哼哼地问丈母娘："美娟回去了吗？"丈母娘说："已经回了。你怎么这么晚来电话？我还以为有什么紧急的事情呢，心跳都加速了。"

第 12 章
调转话头，掌握节奏回话也能反客为主

丈夫很生气："还不是因为美娟手机没电，也不知道给我打个电话报平安，我一晚上都在担心她，电话还打不通。"丈母娘平日里就很喜欢女婿，对于美娟的任性也是深有感触的，为此当即对女婿说："放心吧。我这就去说她。这个丫头也太不像话了，一点儿责任心都没有。你是刚下晚班吗？快吃点东西睡觉吧，我一定让美娟明天早晨给你打电话道歉。"在丈母娘的安抚下，女婿的情绪稍微平和些了，说："妈，对不起啊，这么晚打扰你，害得你也跟着担心。"

显而易见，这个丈母娘并不偏袒女儿，反而还很公正地维护女婿，所以才会在听完女婿讲述缘由之后，对女婿表示非常理解，也当即表态要好好教育女儿。反之，如果丈母娘很偏袒女儿，对于女婿的感受不放在心上，那么她在给女婿回话的时候就会含糊其词，而不会指责女儿。

要想让自己说话有更加鲜明的感情色彩，同时也软硬适中，还需要掌握一些技巧。首先，硬话可以软说，这样能够起到出其不意的沟通效果，也能让人在听到柔和的指责之后无法表示反对。其次，反话可以正说。你可以把那些消极的话以积极的方式说出来，这样一来就成功避免了忠言逆耳的反面作用，也可以起到很好的引导效果。最后，对人要宽容，得理也要饶人，有温度的语言更能够打动人心。很多人一旦揪住他人的"小辫子"就不愿意放手，给他人留下了很恶劣的印象。做人，一定要宽容，如果能够做到以德报怨，则一定能够真正地打动人心，说服他人。

偶尔装装傻，用无效回答保全颜面

前文说过，对于攻击性的问题，我们可以采取反问的方式把皮球踢给对方，让对方感到无言以对。但是对于那些并非出于恶意，却会导致我们非常尴尬的问题，则不适宜用攻击性很强的反问方式。这时我们不妨装糊涂，含糊其词，并且用无效的回答敷衍对方，从而使得每一方都能友好相处，而不至于因此陷入冷场之中。

现实生活中，有些人一旦遇到难以回答的问题就会打哈哈。所谓打哈哈，就是说一些顾左右而言他或者没有实际意义的话，避免进行有效的回答，也避免激化矛盾。这种无效回答相当于没有回答，因为对方并不能从我们的回答中搜集有效的信息，或者是得到他们想要的反馈。在需要正面回答的情况下，打哈哈是一种低效率的交流方式。而在不便回答的问题面前，打哈哈则可以帮助我们保护自己，引导他人的交谈节奏。

在办公室里，杨姐向来都是明哲保身的典型代表。虽然她在公司里时间很长，是办公室里当之无愧的元老级人物，但是杨姐从来不会仗着自己的资格老，就在办公室里当"小喇叭"。

有一次，刘琴因为一些事情和上司发生了冲突，对上司意见很大。为此，刘琴忍不住和杨姐抱怨："杨姐，你说我们怎么这么倒霉，居然摊上了这样的领导，真是没地方说理去。"杨姐听到刘琴说起这样的敏感话题，非常慎重，说："哎，家家都有本难念的经，每个公司都有各种各样的问题。"刘琴没有理会杨姐的意思,继续说:"我这个人一向嫉恶如仇,最恨别人对我不公平。一旦遇到不公平的事情,我就必须要讨个说法。杨姐,你说我该怎么办呢?"杨姐微微一笑:"呵呵,我没有这方面的经验啊。"这一次,刘琴知道杨姐不想蹚这滩浑水,也不愿意参与她的话题,为此马上噤声,不再和杨姐就这个话题说下去了。

职场里的很多"菜鸟"都缺乏经验,尤其是那些刚刚毕业的应届大学生,处处都追求公平,事事都索要说法。其实,这个世界上根本没有绝对的公平,而且很多事情换一个角度去看就会有不同的考量。作为职场老人,又一直在办公室里看世事冷暖,杨姐对于这个事情还是能够看得明白的。因此,她不愿意让自己参与刘琴的敏感话题,但又不能对刘琴所说的话置若罔闻,为此就采取这种打哈哈的方式对刘琴敷衍了事。

过年了,总有些大人一看到孩子就不分场合地问成绩,却不知道成绩是孩子心中的痛,好不容易放假了,可以暂时把学习放下,就算是成绩好的学生也不愿意继续被问及和学习有关的问题。这不,小菲和爸爸妈妈一起回到老家,大伯一看到小菲就问:"小菲,学习怎么样?"小菲当然听懂了大伯的问题,但是她假装没听清楚,回答:"学校特别好。我们的学校在大城市,房子建造很漂亮,而且设施也很齐全,比起家里的学校不知道好多少倍呢。大伯,你要把哥哥也转到我们的学校上学吗?"大伯有些尴尬,说:"大伯可没有这个能力,而且我们在城市也没有房子,没有地方住啊……"大伯的话还没说完,小菲就说:"大伯,要努力奋斗啊,就像我爸爸妈妈一样!"说完,小菲就跑去玩了,就剩下大伯愣在原地。

小菲很聪明,故意装作听错大伯的提问,把话题引到学校方面,还给大伯提出了一个不太容易回答的问题,让大伯也尝到了别人哪壶不开提哪壶的滋味。答非所问,是一种摆脱尴尬的好方式,如果能够灵活运用,就可以解救我们于水火,让我们在沟通过程中占据主动地位。

巧妙利用停顿,更到位地表情达意

在给他人回话的时候,除了使用不同的表达方式改变语意之外,还可以巧妙地利用停顿,以更微妙的方式表情达意。所谓停顿,就是在进行语言表达的过程中,根据不同内容的需要,在说话时暂停或者间断。很多人对于停顿并不重视,实际上如果能在回话的时候巧妙利用停顿,则能够更加精确地进行表达,也能够更加清晰地传达说话者的意思。

很久以前,有个书生穷困潦倒,到了食不果腹的程度,无奈之下,只好去投奔往日里相处比较好的朋友,希望朋友能够念旧情收留他一段时间。然而,这个朋友是个非常势利的小人,虽然以前和书生关系甚好,但是如今看到书生落魄潦倒,恨不得躲开书生远远的,想找个机会就把书生赶走。

吃完晚饭,天上突然雷声大作,下起雨来。这个时候,朋

第12章
调转话头，掌握节奏回话也能反客为主

友写了一句话给书生："下雨天留客天留我不留。"这句话没有使用任何标点符号，只能凭着断句来表达意思。书生当然知道朋友的意思，当即拿起笔来给这句话加了标点。他一边加标点一边对朋友说："老兄，你文采斐然，让愚弟来为你加上句读吧。"朋友看到书生加的标点，无奈之下只好邀请书生留下过夜。原来，书生用标点把那句话改成："下雨天，留客天。留我不？留！"就这样，书生在朋友家的客房里度过了一个还算安适的夜晚，他知道朋友不想继续留下自己，次日便早早地告辞，去投奔亲戚了。

因为巧妙地使用标点表达停顿，书生如愿以偿地留在朋友家里过夜。如果把朋友的这句话换一个加标点的方法，这句话就会成为："下雨天留客，天留，我不留。"由此可见，一句话里断句的位置，对于句子意思的表达影响是非常大的。日常生活中，我们在与人沟通的过程中，也会遇到类似的问题。为了让句意更加到位，我们一定要在写书面材料的时候，用好标点符号，也要在说话的时候，巧妙用好停顿。这样一来，我们才能更加准确地表情达意。

设置悬念，让对方忍不住听你说下去

一篇引人入胜的文章，一定会有悬念，这样在表达的过程中才能吸引读者的注意。同样的道理，在进行口头表达的时

候，如果想吸引他人的注意，也可以设置悬念。日常生活中，我们常常听到别人说话喜欢卖关子，这就是在设置悬念。也有一些朋友喜欢听说书，尤其是在讲述那些长篇故事的时候，为了起到吸引人的效果，说书人总是会在关键时刻戛然而止，告诉听众"且听下回分解"。这样一来，听众的兴趣就会被激发出来，他们很想赶快听到下一回合的讲解，因此便成为了说书者忠实的听众。

在给人回话的时候，为了更大程度上吸引他人的注意，让他人对我们的话认真、用心地倾听，我们也可以采取设置悬念的方式，激发起他人的好奇心，让他们对于我们的讲述充满强烈的兴趣。

这个周末，约翰代表单位参加了本区的技能大赛。在为期两天的比赛中，约翰都不能和比赛之外的人通电话，为此妻子玛丽一直很急于得知结果。比赛结束的当天晚上，约翰还没有赶到家里呢，玛丽就给约翰打电话："亲爱的，比赛的结果怎么样，你获奖了吗？"约翰假装语气沉重地对玛丽说："亲爱的，我虽然非常优秀，但是我的对手们同样优秀，甚至在某些方面他们远远地超过我呢！你猜猜，强强相遇，结果如何？"在约翰的一番铺垫之下，原本对于约翰获胜很有把握的妻子有些拿不准主意了，对约翰说："难道你输了吗？"妻子不敢直接猜测约翰获胜，否则万一约翰比赛的成绩不好，就会感到受挫和伤心。为此，妻子只能以这样试探性的语气猜测约翰是否输了。

约翰说:"亲爱的,在你心里我难道这么不堪一击吗?"妻子更困惑了:"你不是说对手也很强大吗?"这个时候,约翰忍不住笑起来,说:"哈哈,我获胜了,一等奖。"妻子悬着的心这才放下来,忍不住嗔怪约翰:"你简直太坏了,怎么能这样呢!吓我一跳,我都在想要怎么做才能安慰你了!"当天晚上约翰回到家里时,妻子已经准备好了庆祝的一切。

如果约翰直接告诉妻子他获得了一等奖,妻子固然感到高兴,但会因为没有心怀忐忑地猜测的过程,而失去了后来的惊喜。约翰没有直接告诉妻子比赛的结果,而是先假装心情很沉重,引导妻子进行猜测。妻子既不敢直接猜测好的结果,又不能表现出对约翰毫无信心,为此很为难,不停地猜来猜去,最终当从约翰口中得知比赛结果的时候,悬着的心如释重负,因而得到了加倍的惊喜。

除了制造加倍的惊喜之外,卖关子的回话方式还有其他的效果,例如激发他人的思维,让他人进行深入的思考。这样一来,他人就可以在还没有得到回答的情况下,先开动脑筋去思考,让思想变得更加深入,从而促进沟通的进行。

以退为进,适时收起唇枪舌剑

在人际沟通的过程中,很多人对于沟通都有错误的想法,觉得所谓沟通就是说服对方,尤其是在与对方意见有分歧的情况下，我们更是会在不知不觉间就如同一只刺猬一样支起全身的刺，恨不得马上就以语言的利剑打败对方。其实，很多时候是我们单方面进入备战状态，而对方尽管看起来咄咄逼人，最终的目的却是达成和解。面对这样的情况，我们最重要的就是先调整好自己的心态，这样才能保持情绪的稳定和大脑的理智，也才能有策略地回话，以退为进。

最近，琳达准备购买一套房屋。房屋经纪人帮助琳达安排好和房主见面的事情，琳达很快和房主坐在一起，开始洽谈购房的价格。刚见到房主，琳达就直奔主题："请问，您的房子价格还可以优惠些吗？"房主表现出很为难的样子，说："我也是需要换房，卖掉这个房子，我还要再买。所以很抱歉，我的价格最低就是这么多了。"琳达说："我真的不是故意要压低您的价格，而是首付预算的确很有限。我非常喜欢您的房子，也愿意成为它的新主人。原本，我是希望您能便宜三万美元的，您应该听经纪人说过了。现在看来，这也许不太可能，那么，我愿意退一步，只希望您能便宜两万美元，好吗？"通过这样的方式，琳达对于此前希望房主降低三万美元的要求作出让步。在经纪人的斡旋下，房主让步了一万。这样一来，琳达和房主之间的价格就只相差一万了。最终，她和房主又各让一步，她涨了五千美元，而房主则让了五千美元。交易顺利达成，琳达和房主还成了好朋友呢！

在这个事例中，琳达先对房主让了一步，所以房主才会感到很开心，也感受到琳达的诚意，所以才愿意同样退让一步。

不得不说，琳达看似是在退步，实际上是进了一步，正是因为采取这样的策略，也激发了房主的互偿心理，所以房主和琳达之间才能达成共识，也才能顺利达成交易。有的时候，我们想让他人做出让步，自己就要先主动退让。古人云，欲速则不达，说的也是同样的道理。

除了以退让打动他人的心外，我们还可以以退让的方式进行进攻。这样的退让可以以多种方式进行，只要把退让的方式运用得恰到好处，我们就能有力地反击他人，也能够最大限度达成沟通的目的。

展现你的胸怀和气度，别得理不饶人

俗话说，"得理不饶人"，其实，这是不好的。人人都爱面子，我们即使在讲道理的时候，也要顾及他人的情绪和感受，而不要只为了自己的一时痛快，就对他人的一切感受都毫不在意。这样一来，或者会导致对方失去颜面，破罐子破摔，或者会导致对方对我们心生怨恨。真正明智的人知道，得理也要饶人，这样才是真正宽容和理性的表现。适当的时候，我们要做出让步，尤其是在有理的情况下让步，则更表现出我们宽容的胸怀和气度，对于我们与他人的相处会起到积极的作用。

小薇才进入公司没多久，就因为人际关系恶劣，而被很多人厌恶和嫌弃。其实，小薇的工作能力很强，在工作上的表现也非常出色。然而,小薇是典型的刀子嘴豆腐心,常常说话口无遮拦,导致和人相处问题多多。

这天下午,一位同事把做好的表格交给小薇,小薇在检查过程中发现了很严重的错误,当即对同事说:"你的表格出错了呀!这个错误完全是粗心导致的,要不是我帮你检查出错误,后果不堪设想。你有没有想过,你很有可能因此而丢掉工作?其实你应该多向我学习,我对于所有的文件和表格都会认真检查……"虽然小薇帮助同事检查出错误,但是这样得理不饶人,对着同事不依不饶的,使这个同事之后对小薇敬而远之。

有的人好心也会办坏事,例如小薇,就是因为说话不好听,所以在和同事相处的时候导致了很多的矛盾发生。人非圣贤,孰能无过,小薇的情商如果更高一些,就会知道同事犯错一定不想被更多的人知道,尤其不想被上司知道。如果小薇在给同事帮忙之后,能够帮助同事保守秘密,那么相信同事一定会对小薇心存感激,也很愿意和小薇继续相处。

得理不饶人,就会把原本占据道理的局面改变,变成没有道理。只有始终都怀着宽容的心对待他人,给予他人空间去改正错误,才会有更多的机会去做得更好,他人也才会有优秀的表现。做任何事情,都讲究适度,一旦过度,就会导致不愉快发生。适度,其实是人生的技巧和原则,唯有适度,各种事情的发展才会更好。

第 13 章

无声胜有声,别让肢体语言泄露你的心声

调整自身的肢体语言，为你的回话加分

人与人在交往的过程中，未必需要把话说到位，才能起到最佳的表达效果。很多人都具有看穿谎言的本领，这不是因为他们真的能够看透人心，而是因为他们可以通过阅读对方的肢体语言，从而洞察对方的心思。有的时候，我们可以组织语言，却不能掩饰自己的动作。为此，如果能够识别肢体语言，就可以做到洞察人心，也就可以更好地回话。

掌控肢体语言，不但可以帮助我们更好地了解他人，也可以帮助我们保守住内心的小秘密。这是因为我们不但可以通过他人的肢体语言了解和认知他人，也可以通过调整自身的肢体语言，更好地表情达意。需要注意的是，当我们想要掩饰自己真实的意思时，肢体语言很有可能会在不经意间出卖我们。例如，我们敷衍了事地答应别人一件事情，实际上心里对于这件事情非常排斥和抵触，我们情不自禁地做出的肢体动作往往就会出卖我们的内心。如果我们不想让别人看出我们的真实想法，我们就要控制好肢体语言，避免被肢体语言暴露真实的内心。

最近，小张正在追求一位美丽的女孩。借着女孩过生日的机会，小张精心挑选了礼物送给女孩，并且还邀请女孩吃饭。

第 13 章
无声胜有声，别让肢体语言泄露你的心声

女孩接受了小张的邀请，小张兴奋不已，早早到达约会的餐厅里等待。看到女孩到来，小张赶紧郑重其事地把礼物送给女孩。没想到，女孩接到礼物之后，当即就把礼物放在旁边的板凳上，漫不经心地说了句谢谢。原本还满心欢喜的小张不由得感到很失落，意识到女孩之所以不喜欢他的礼物，就是因为女孩对于他这个人也不感兴趣。这顿饭吃得毫无滋味，女孩不时地拿起手机来看，气氛常常冷场。分别的时候，女孩对小张说："我们可以当很好的朋友，却不能成为恋人。"小张至此已经完全明白女孩的心意，当然不能再说什么，只好答应了女孩。

在这个事例中，女孩对于小张丝毫不感兴趣，也没有特殊的感情，小张通过观察女孩的肢体语言是很明白的。聪明的小张知道了女孩的心意，选择和女孩当朋友，这对于彼此都是更加轻松的选择。

那么，具体来说，肢体语言包括哪些方面呢？

首先，头部动作不容小觑。很多人说起话来摇头晃脑，给人留下很糟糕的印象。一个内心坦荡的人，总是会抬起头，眼睛直视着他人，而不会总是低下头或者抓耳挠腮，更不会眼神游移不定，否则就是内心虚弱的表现。

其次，手部动作。一个人如果把两只胳膊交叉环抱在胸前，就是心怀戒备的表现。相反，一个人如果张开怀抱拥抱他人，就是在真诚热情地接纳他人。当一个人把两只手交叉在一起，也许是在进行沉思，也许内心非常紧张恐惧。尤其是在谈

判的过程中，最好不要出现这样的动作。越是在正式的场合，手部的动作越是要减少，最好不要总是用手去触摸身体的各个部位，而是自然地摆放在桌子上。站立的时候，则可以让双臂自然地垂在身体两侧。

再次，脚部动作不容小觑。当一个人的脚尖指向门口，则往往意味着他对于当前正在进行的谈话很不耐烦，很想结束谈话，马上离开。再如，当一个人的脚快速晃动，则意味着他对于我们所说的话漫不经心，也很不以为然。这些都是脚部的微妙语言。

最后，身体的姿态表现也会暴露一个人深层次的心理。很多人在家时喜欢仰着半躺在沙发上，这是一种非常放松的姿态，独处或者在自己家里的时候没什么不妥，但在公开场合，这样的姿态则是对人不尊重的表现。在正式的场合里，我们应该保持身体姿态略微前倾，这是尊重他人且对他人所说的话感兴趣的表现。反之，如果把身体后仰，则意味着对他人不尊重，非常傲慢无礼。另外，诸如侧身对着他人、以后背对着他人等，也是轻视他人的表现。

总而言之，身体语言关系到身体的各个部位，要想借助于身体语言表达内心，或者通过身体语言了解他人的所思所想，我们就一定要更加深入了解身体语言，知道不同的身体部位的动作所代表的意思。

把握好音量，才能在回话时坦然大方

很多人在给他人回话的时候，声音小得就像蚊子哼哼，这是因为他们心中很没有底气，或者是因为他们本身就很胆小怯懦。如果说话声音特别小，让他人无法听清楚，就会导致沟通受阻。同样的道理，说话声音大也要在一定的限度内，而不要像吵架一样大喊大叫，否则会给他人留下糟糕的印象，还会使得他人误以为你情绪激动。不管说话的声音是大还是小，都要保持在合理、适度的范围内，这样才能提升沟通的质量，让沟通事半功倍。

刘伟第一次来一家高档西餐厅吃饭，还不懂得在这里要小声说话的道理。吃饭的过程中，他和往常一样高声说话，对坐在对面的同学说："谢凯，你还记得我们上学的时候吗？你就睡在我的下铺，袜子穿一个星期也不洗，真的都能站起来了，把整个宿舍的人都快熏死了。"谢凯很尴尬，他对刘伟欲言又止，满脸通红。刘伟不知所以，说："哈哈，看看吧，现在说起来你还会害羞……"正在刘伟高谈阔论的时候，服务生走过来，很有礼貌地对刘伟说："先生，请您小声一些好吗？影响到其他客人用餐了。"刘伟吹胡子瞪眼睛："怎么，吃饭还不让说话了吗？"这个时候，谢凯赶紧对刘伟说："刘伟，这里用餐的时候没有人大声喧哗，即使交谈也是很小声的。"这下子，轮到刘伟脸红了，他这才知道刚才谢凯脸红不是因为说起臭袜子的事情，而是因为他的声音太大，说的还是不适宜在餐厅里说起的话题。刘伟赶紧调整音量，小声和谢凯交谈。好不容易吃完饭，刘伟对谢凯说："走吧，走吧，咱们找个别的地方说话去，在这里快把我憋死了。"

说话的音量既取决于场合，也取决于交谈的情境。如果同学们久别重逢，小醉微醺，那么笑啊、闹啊，提升音量是没有关系的。如果是在和他人进行谈判，洽谈一些重要的事情，那么突然提升音量就会使人造成误解，觉得是不是要起争执。记住，有理不在声高，有的时候，音量大并不能吸引他人的注意，反而会引起他人的反感。越是在重要的时刻，要想吸引他人认真倾听，越可以把音量变小，这个时候你会惊奇地发现他人突然间停止喧闹，认真地倾听你。这是因为人们总是很担心错过一些重要的内容。

总而言之，回话的目的是让对方听到，为此我们一定要做到以适度的音量回话，避免引起对方的误会和反感。

回话时，要重视自己的语调

现实生活中，有的人说话语调特别生硬，哪怕是很友好的话，一旦经他们的口说出来，就会给他人留下糟糕的印象。反之，有的人说话非常悦耳，说起话来富有韵律，就像是在唱一首动听的歌曲。面对这样的说话者，听话的人总是感到心情愉悦，也会感受到语言的独特魅力。

第13章
无声胜有声，别让肢体语言泄露你的心声

在说话的时候，很多人都会非常重视语言的组织，希望通过语言来表达最真实的意思。殊不知，只靠着语言内容并不能起到最佳的表达效果，要想把话说得恰如其分，我们还要重视语调。有些人说话的时候总是声音高亢，听起来就像是在吵架一样，自然无法在沟通过程中给他人留下好印象。有的人说话语调平平，没有任何节奏可言，自然也不可能吸引他人的注意力。就像唱歌一样，语言也是需要抑扬顿挫才能引人入胜的。在与人沟通的过程中，为了提升回话的质量，我们一定要杜绝语调含糊、声音低沉、鼻音浓重等现象，让语言沟通的效果更好。

老宋这么多年一直在北京生活，听惯了普通话，最近为了孩子上学搬到南京定居。刚刚到南京，他觉得很不习惯，因为南京人说话的声调普遍偏高，有的时候正常说话听起来就像是吵架一样。

一天晚上，老宋开车回家，路过一条很狭窄的巷子。在这条巷子里，在老宋前面的那辆车和对面来的那辆车迎面开过来，谁也不愿意退让。司机们之间爆发了激烈的争吵。

司机甲：你往后退一退啊，都堵在这里，谁也走不了。

司机乙：我为什么要退，你后面的空间大，我后面还有车呢！

司机甲：你要是不想回家，那我们就都在这里耗着吧！

司机乙：耗着就耗着，我反正不着急！

……

老宋听着他们吵来吵去，头都大了，原本还想下车帮忙劝一劝，后来索性就在一旁作壁上观，他可不想被卷入这场争吵之中。半个多小时过去，直到交警到场，问题才算得以解决，老宋终于可以回家了。

在这个事例中，其实双方只要能够互相让一步，就可以顺利开过去，但是司机乙在回话的时候，显然语调不适宜，为此让原本说得过去的内容听起来像变了味道，也让彼此之间的交谈突然间剑拔弩张起来。

影响我们与他人之间交谈效果的，不仅有谈话的内容，也有谈话的语调。那么，语调到底是什么呢？语调就是说话的腔调，也就是说话的节奏和韵律。在口语表达中，语调表达的信息非常多，为此我们一定要更加重视。

回话要根据不同的对象，选择不同的语速

要想让回话恰到好处，语速同样至关重要。面对一个急脾气的听话者，如果你说起话来慢慢吞吞，就像蜗牛在爬行，那么只怕对方根本没有兴趣继续听你说下去。反之，面对一个脾气温吞的人，如果你说起话来如同连珠炮一样，那么只怕对方根本无暇对你的话做出反应。为此在回话的时候，我们一定要根据回话对象选择适宜的语速。

除了回话对象本身的脾气秉性会影响我们回话的语速外，

回话对象的年龄、身份也会影响我们回话的语速。例如，我们面对上级或领导汇报工作，切勿自顾自地说下去。为了给上级机会帮我们指正，我们还要在说话的过程中有所停顿。反之，作为一个雷厉风行的领导者，我们在对下属下达命令的时候，完全可以表现出精明强干的一面，从而提升工作的效率。对于孩子，如果孩子的理解能力很强，我们可以快速回话；如果孩子的理解能力相对较弱，那么我们就要降低语速，更好地与孩子交流。

作为总经理助理，欣然的工作能力是有目共睹的。但是，欣然有一个特点，总是让总经理感到非常苦恼。原来，每次汇报工作的时候，欣然说话的速度都非常快，常常是总经理还没有反应过来呢，欣然就已经把话说完了。第一遍听不清楚，总经理会要求果然再说一遍，欣然在第二遍汇报的时候，一开始还能做到放缓语速，但是说着说着就会情不自禁地加速。

后来，为了让沟通有更好的效果，总经理不得不要求欣然以发邮件或者是文字沟通的方式进行书面汇报。这样一来，欣然的工作量大大增加，原本可以口头上完成的工作却要变成文字呈现出来，这让欣然不堪其扰，工作的效率也为此降低。

沟通中，最重要的就是把我们的思想、观念等传达给对方，让对方更加了解我们，为此，在说话的时候一定要保持适宜的语速，而不要只顾着说，却对于他人做何反应丝毫不放在心上。只有把话说得恰到好处，对方才能更好地理解我们的意思，我们与对方之间的交流才会更加深入和顺畅。否则，总是这样说着，却不能被他人理解，就会失去沟通的意义。

当然，这里也并非说任何时候都要保持慢速说话才好。说话到底是快还是慢，不但取决于我们面对的说话对象，也要以当时事情的具体状况为参考因素。例如，我们面对着一件非常紧急的事情却依然慢条斯理说个没完，这就无法起到快速沟通和传达信息的作用，对于解决问题当然是不利的。举个最简单的例子，有个地方着火了，你需要去寻求救援，那么慢慢吞吞地说就会带来恶果，因为火情在很短的几分钟内就会有明显的发展变化。这种情况下，一定要如同发电报一样精简语言，而且要以最快的速度把话说完，这样才能抓紧时间救火。

高明者不会急于回话，而是先洞悉对方的眼神

俗话说，眼睛是心灵的窗口，这是因为眼神往往能够表达非常微妙的情绪、信息等，对于人与人之间的交流和沟通起到至关重要的作用。细心的朋友们会发现，在优秀的影视剧中，很多导演都会给人物眼部的特写，从而表现出人物内心微妙的变化。这种时刻，语言的作用并不是最好的，只有眼神，才能准确到位地传情达意，也才能真正地表达人物的心声。

眼睛除了可以表达内心的微妙变化之外，还可以帮我们洞察他人眼神背后隐藏的真心。对于交流的双方而言，如果能够把眼神运用得恰到好处，就可以使得沟通事半功倍。

第13章
无声胜有声，别让肢体语言泄露你的心声

作为一名服装销售员，露西的销售业绩总是最好的，这是为什么呢？和很多人误以为销售员一定要口若悬河不同，露西作为销售员并不很健谈。那么，她是如何实现销售的呢？

这一天，一个年轻的女孩走进门店，看到一件最新款的衣服马上开始摩挲起来。露西从女孩的眼睛里看到了喜欢的光，为此对女孩说："这件衣服是刚刚到店的新款，喜欢可以试一试。"女孩当即拿着衣服去试衣间。看着女孩原本就很匀称的身材在衣服的衬托下非常曼妙，露西由衷地说："这件衣服就像是为您量身定做的一样。"得到露西的夸赞，女孩忍不住笑起来，问："这件衣服多少钱？"露西回答："699元。"女孩不由得吸了一口气，"这么贵！能优惠些吗？"露西说："这是我们店里的新品，可以打九五折，老款可以打九折。"女孩依依不舍放下衣服，转身准备离开。走出去很远，女孩还在回头看着衣服，露西知道女孩真的很喜欢这件衣服，为此大声对女孩说："您回来，我和店长申请把新款也九折给您，就说是开门的生意。"就这样，露西在给店长打电话后，以九折的价格把衣服卖给了女孩，女孩高兴极了，对露西连声感谢。

如果不是因为看到女孩眼睛里的喜欢，相信露西不会主动为女孩申请更优惠的价格。正是因为能够洞察客户的眼神，露西才能准确把握客户的心理，让客户满意而归，也让自己的生意顺利达成。反之，对于一个原本就不喜欢这件衣服的客户来说，别说是九折了，就算是八折，客户也未必会买，所以一味地以低价吸引客户来促成交易是不可取的。

在回话之前，我们一定要读懂他人的眼神，捕捉他人眼神传达的信息。这样才能让回话有的放矢，也才能让交流的效果更好。要想成为人际交流的行家，我们一定要学会读懂眼神，也要学会运用眼神。

为回话注入情感，避免让交流冷冰冰

在与他人进行沟通的过程中，我们一是在进行信息的传递，二是在与他人进行感情的共鸣。如果只是冷冰冰地和他人交谈，那么沟通就会失去温度，显得非常生硬和僵硬。显而易见，这样的回话无法让他人满意，也无法使我们受人欢迎。

人是感情动物，任何时候都不可能脱离感情而生活。既然如此，便要让自己富有感情，才能与他人产生强烈的共鸣，也才能以感情作为回话的基础，让感情为人际交往增添色彩和魅力。尤其是在回话的时候，如果我们想赢得他人的好感，也愿意与他人建立友好的关系，我们就要和他人有更好的互动。

任何时候，沟通都不是独角戏，更不是一个人的单口相声。作为沟通的一方，在给他人回话时，如果不想终结话题，切勿惜字如金，更不要总是对他人非常冷漠。没有人愿意被拒之于千里之外，对于他人的提问，我们要更加积极地回答。对于他人所说的不需要回答的话，在倾听的过程中也可以以微笑等作为积极的回应。只有感情认同，沟通才会充满热情，也只

第13章
无声胜有声，别让肢体语言泄露你的心声

有真正表现出友善，我们才能提升沟通的温度。

最近，文文经人介绍认识了一个非常优秀的男孩宋凯。宋凯正是文文喜欢的样子，高高大大，英俊帅气，而且面部的棱角非常分明。看到这么合心意的宋凯，文文一改往日里矜持的样子，不再对人说话爱搭不理了，对宋凯很热情、很积极。

周日，文文和宋凯约会。他们在咖啡厅里相对而坐，宋凯问文文："昨天，你干什么去了？"文文说："我和闺密逛街了，她快要结婚了，需要选购一些用品。"宋凯很惊讶："是吗？会邀请你当伴娘吧！"文文笑起来："那是必须的，手捧花都预定好要扔给我了。"宋凯忍不住笑起来，文文继续说："你呢，昨天干什么去了？"宋凯很高兴地回答："我和哥们去打球了。我们下午打球，晚上一起吃饭、聊天，非常愉快。在大学的时候，我们就是很好的同学。"文文说："那真好，有一些好朋友是幸运的。咱们喝完咖啡去做什么呢？"宋凯问："你想看电影吗？"文文点点头，说："最近刚好有朋友推荐了一部电影，很精彩，也很有现实意义，我正准备去看呢……"就这样，喝完咖啡，文文和宋凯一起去看电影，还一起吃了晚饭呢！

仅从文文的回答中，我们就可以看出文文对宋凯很满意，也很愿意和宋凯交谈。真正的沟通不但是信息的传递，更是感情的互动。在相互愿意更进一步交往的人之间，不会出现一问一答的尴尬情况，而是会彼此更加用心地交谈，努力寻找对方感兴趣的话题，在交谈中注入自己的感情。尤其是在对方对我

们说一些表示认可、理解和认同的话时,我们更是要给予对方积极的回应,而不要总是一副漠不关心的样子,这会让人感到很颓废沮丧,也会让人失去交流的兴致。

第 14 章

避开雷区,优雅拒绝,学会"说不"的艺术

拒绝要讲究方式方法，才不至于尴尬

很多人都不愿意求助于他人，但一个人即使能力很强，也不可能面面俱到做到最好。要想获得成功，要想把一些事情做得更好，我们就要学会和他人合作，在必要的时候借助他人的力量增强自己的实力。当然，求人是有风险的，一是对方未必有能力帮助我们，二是如果被对方拒绝，我们就会面临很尴尬的情况。为此，很多人都不想求人。其实，还有一种情况比求人更困难，那就是拒绝他人。

如果说求人被拒绝只是自己尴尬，那么在拒绝他人的求助时，一个不小心就会导致彼此都很尴尬。为此，在拒绝他人的时候，一定要讲究方式方法，只有让彼此都不尴尬，才是最好的结果，也才是最圆满的结果。

面对不便或不愿回答的问题，回话时就需要巧妙地加以拒绝。有时我们可以含糊其词，给对方模糊的回答，还可以故意拖延回答问题，假装提问把问题踢给对方，避重就轻，对于重要的问题避而不答等。这些都是非常巧妙的方式，既能够帮助我们保护隐私，避免回答不想回答的问题，也可以保全问话者的面子，让问话者对于我们的合理反应和反馈无话可说。拒绝虽然使人难堪，但是如果为了面子而总是事无巨细回答对方

第14章
避开雷区,优雅拒绝,学会"说不"的艺术

的提问,甚至因此而让自己陷入尴尬之中,这显然是得不偿失的。对于那些别有用心的人,我们还可以采取"礼尚往来"的方式,使得他们对于我们的拒绝无话可说。当然,采取这种方式拒绝的前提是,对方曾经拒绝过我们,而我们正是以与他们相同的方式拒绝了他们。

作为大名鼎鼎的短篇小说家,马克·吐温是非常机智幽默的。有一次,马克·吐温得知邻居有一本他一直都很想看的绝版的图书,为此专程去找邻居借书。邻居对于这本书非常爱惜,因而当即对马克·吐温说:"您可以在我的家里看这本书,我不想把这本书借出去,希望您能谅解。"在邻居家里看完一本书,这怎么可能呢?马克·吐温知道邻居是在以这样的方式拒绝自己,为此起身告辞。

过了没多长时间,邻居家修剪草坪的机器坏了。为此,他来找马克·吐温借用机器,想要修剪草坪。马克·吐温不由得暗自高兴:"哈哈,你终于需要来找我借东西啦!"这么想着,马克·吐温对邻居说:"亲爱的邻居,我当然愿意把机器借给您用。不过我也有一个原则,那就是我的机器只能在我的草坪里用,不能离开我的草坪。"听到马克·吐温的话,邻居当即想起自己当日里对马克·吐温的拒绝,为此无言以对,只好灰溜溜地离开了。

在这个事例中,马克·吐温正是采取了"礼尚往来"的方式对待邻居,让邻居知道被拒绝的滋味。古人云"以其人之道还治其人之身",就是这个道理。当然,如果对方拒绝我们真

的是因为能力不足，那么我们就应该更加宽容，而不要始终揪着对方的拒绝不放，导致彼此都很尴尬和无奈。只有宽容，才是绽放在我们心底的花，才能让我们的人生更加精彩。

问题不便回答？转移话题，巧妙脱身

有些话题，真的会让我们绞尽脑汁也不知道该如何回答，如果我们情急之下又找不到拒绝回答的理由，那该怎么办呢？最明智的做法不是和对方大眼瞪小眼，也不是就这样愣在当场无言以对，而是要学会适时地转移话题，从而及时缓解尴尬的气氛，给彼此一点儿喘息的时间。

转移话题的好处就是悄无声息地摆脱尴尬，让双方能够维持表面上的和谐，不至于当场就因为愤怒而彼此仇视，谁也不愿意搭理谁。

一直以来，宋大爷都在为儿子的婚事烦恼。原来，宋大爷是山东人，长得人高马大的，儿子遗传了宋大爷的身高，也非常魁梧。但是，儿子找的对象偏偏是很瘦小，身高才一米五。二十几岁的人了，看起来也就十五六岁，仿佛没长开的样子。宋大爷的心里很不满意，但是，孩子的婚姻大事现在可由不得父母做主，宋大爷虽然几次三番和儿子闹别扭，但是儿子就是不愿意和女朋友说拜拜。

一天傍晚，宋大爷去楼下散步，遇到了王大爷。王大爷

第 14 章
避开雷区，优雅拒绝，学会"说不"的艺术

一见到宋大爷张口就问："老宋，你儿媳妇的事情解决了吗？我跟你说，千万别要太矮的儿媳妇，否则将来生的孙子也会很矮。"宋大爷不想说起这件烦心事，为此佯装没听见王大爷的话，问王大爷："老王，你前段时间要去泰国旅游，后来去了吗？"王大爷兴奋地说："去了呀！我告诉你，我还看到泰国皇宫了。"宋大爷问："有照片吗？给我看看。"王大爷马上拿出手机开始找照片。就这样，王大爷彻底忘记了宋大爷儿媳妇的事情，宋大爷如释重负：终于不用听他唠叨了。

在这个案例中，宋大爷对儿媳妇不满意，但也不愿意当着外人的面说儿媳妇的坏话。为此，宋大爷问起王大爷去泰国旅游的事情，王大爷的注意力当即转移到旅游的事情上，也就不再揪着宋大爷说家里的事情了。可以说，宋大爷转移话题非常成功，让王大爷不知不觉，而且马上投入自己感兴趣的话题。

当然，在不想回答的问题被对方抛出来之后，再去转移话题，有些亡羊补牢的意思。如果我们事先意识到对方要讲什么话题，那么就可以防患于未然，先提起其他的话题，让对方没有机会哪壶不开提哪壶。

当然，大多数谈话都是要围绕中心点进行的，我们转移话题的过程，实际上就是形成新的谈话中心点的过程。在成功地形成新的交谈中心点之后，我们就可以和对方更加顺利地攀谈，也可以说些大家都很开心的事情，赢得皆大欢喜的结局。

以子之矛攻子之盾的回答，给对方有力的回击

在交谈的过程中，未必都是谈笑风生和善良的好意，有些时候，我们也会被他人不怀好意的话攻击，在这种情况下，是否能保持平静和理性，采取以子之矛攻子之盾的方式在不动声色中给予对方有力的回击，对于我们而言是至关重要的。如果想借此机会和对方决裂，当然可以直截了当和对方争辩。而如果想要继续维持关系，还不想撕破脸皮，那么反击必须采取适宜的方式方法，这样才能既维护双方的颜面，也保持良好的关系，与此同时还能反驳对方，维护我们的尊严。

在这种较为棘手的情境下，要想更好地回话，要想解决问题，关键是能真正掌控好情绪，即使被对方恶语相向也不愤怒，即使被对方委屈和误解也不失去理性，这样才能调整好心态，让自己的内心变得更加强大。

林肯一生命运多舛，十几次遭遇失败，最终才如愿以偿当选美国总统。因为林肯没有显赫的家世，也并非贵族，他的父亲只是个鞋匠，为此很多参议员丝毫不把看林肯放在眼里。

林肯发表就职演说时，有一个参议员站起来，怀着藐视的态度对林肯说："林肯先生，我希望你始终都能记住你的父亲只是个鞋匠。"听到这句话，其他参议员哄然大笑，他们都出身贵族，身份尊贵，根本没把出身卑微的林肯看在眼里，也不愿意支持林肯当总统。作为新上任的总统在这样的重要时刻遭到如此的侮辱，换作别人一定会恼羞成怒。但是林肯没有

第 14 章
避开雷区,优雅拒绝,学会"说不"的艺术

生气,反而面色平静、面带微笑地站在那里,等到现场恢复平静,林肯对那位参议员说:"我很感谢你,在今天这样的时刻里,让我想起我的父亲。虽然父亲已经离开了我很久,但是在我心里,他始终都是最伟大的父亲,也是最了不起的、出色的鞋匠。我想,在座的很多人都穿过我父亲亲手制作的鞋子,它一定非常舒适合脚,虽然父亲不在了,但是没关系,任何时候只要你们觉得鞋子需要修理,可以随时来找我。我想,我做总统一定不像父亲做鞋匠那么出类拔萃,但是我会努力的。我会永远记住,我的父亲是个优秀的鞋匠。"林肯的话让在场的每个人都陷入了深深的沉思之中,良久,他们仿佛恍然醒悟,给了林肯热烈的、经久不息的掌声。

在就职演说这样重要的场合里,林肯受到其他参议员的公然侮辱,但是他没有气愤,更没有因此而与参议员发生争执。他始终保持着理智和冷静,从而非常得体地回忆和怀念自己的父亲,并赢得了其他参议员的尊重。在这种情况下,顺着他人的话去说,反而比和其他人发生争执和冲突来得更好。这样可以让自己保持体面,也可以以不卑不亢的态度征服他人,是最好的解决问题之道。

拒绝他人要以情动人,让对方感受到你的情义

生活中的你,是否曾经为以下事情伤脑筋?一个你认识

的人，他品行不良，但非要和你借钱，你深知，如果钱借给他，就等于肉包子打狗——有去无回；或者一个熟识的生意人向你兜售物品，你明知买下也会吃亏；或者你的患难朋友，曾在你最困难的时候帮过你，现在有求于你，而你心有余而力不足……遇到这些问题，你该怎么办？要记住，你不是神仙，也不能呼风唤雨，该拒绝的就必须要拒绝。如果不好意思当场拒绝，轻易承诺了自己不能、不愿或不必履行的职责，事办不成，以后你会更加难堪。

然而，拒绝就意味着将对方拒之门外，有时会让对方很难堪。但如果我们能根据不同的场合和对象进行考虑，以情动人地说出自己的理由，或者为对方寻求更好的解决方法，那么，即使是拒绝，对方也会感觉到你的情义。如果你不想因为拒绝而搞坏你与对方的关系，那么，就不妨在你拒绝的语言中加入点情感的因素具体来说，要注意做到以下几点：

1. 语气平缓

除非是那些公认的无理要求，否则，你应当尽量语气平缓地拒绝，以免伤害对方的感情。

2. 态度真诚

我们之所以拒绝对方，多半是因为我们实在无能为力，并非有意刁难对方。因此，拒绝他人，态度一定要委婉、真诚，特别是上级对下级的拒绝、地位高者对地位低者的拒绝等，更应注意自己说话的态度，不可盛气凌人，要以同情的态度、关切的口吻讲述理由，争取他们的谅解。而在结束交谈的时候，还应再次表明歉意,热情相送。

3. 表达你的关心

你需要向对方传递一个信息:你虽然帮不了他,但你还是为他遇到的问题感觉着急,并在内心里希望他能解决这个问题。千万不要流露出"事不关己,高高挂起"之意。

4. 如果可以,尽量为对方提供一些建议或者解决问题的方法

对于一些你自己帮不了,但你了解其他解决办法的问题,你要站在对方的角度,给出你的建议供他参考。这样,对方在没能得到你的亲自帮助的前提下,同样会对你心生感激之情的,至少不会怀疑你对他的情谊。

总而言之,拒绝他人时,可以从"情"入手,人类都是情感动物,如果你能把拒绝的理由说得有情有义,那么,不仅可以成功拒绝他人,也许还可以帮你赢得友谊。

借助第三方之口,是一种很好的拒绝方式

平时我们跟人打交道时,有些话不方便说,有些话我们不愿明说,有些话我们不敢说,而还有些话我们即使说出来了,说服力与影响力也不够。在这些情况下,如果能借别人的口来表达出我们的意思与想法,那么,不但表达上要委婉含蓄很多,效果上也会好很多。其实,借别人的口说出自己想说的话是一种非常好的说话技巧,大家不妨注意一下。

阿宇连续几天晚上加班,回家都很晚,海珍不免担心,想问问阿宇项目进展得怎么样、和什么人一起吃饭,但是不好开口。其实海珍知道老公最烦自己打听他工作的事情,更不喜欢自己的媳妇怀疑自己。这天晚上阿宇没有按时下班,婆婆在老家打来电话,和海珍聊了几句。海珍灵机一动,想出了办法。等阿宇回来,一身疲惫地坐在沙发上,海珍就说:"下午的时候妈妈打电话了,问你最近怎么样,也不往家里打电话。还问你怎么这么忙,让你注意自己的身子,别太累了,吃饭尽量别点油腻的外卖。"阿宇就说:"唉,最近的项目终于快完事了,这段时间可把我累死了……"然后好像意识到好久没和海珍说话了,就打开话匣子:"可别提吃饭了,忙得都没时间吃饭了,整天处理问题处理到很晚,大家都订餐凑合过去了。你们可别误会我啊,我可没有出去吃喝玩乐。"海珍赶紧说:"我也没说你吃喝玩乐啊,只是妈妈说你不要老是点不健康的东西吃。以后我给你熬点粥喝吧,省得你吃些乱七八糟的伤了身子。"阿宇看到海珍这么体贴,感到非常欣慰。

　　海珍是一个聪明的妻子,知道阿宇最烦自己打听工作的事情,就借婆婆之口巧妙询问,既表达了体贴之情,又不会让阿宇觉得心烦,做得十分成功。

　　当遇到一些确实难办的事的时候,不如借他人之口,行自己之事。假借他人之名,虽然是假的,却不是欺骗,是为了让工作或生活中的问题尽快解决。所谓"借帆好远航",学会这点,就可以更轻松地达到规劝、拒绝、提意见的目的,何乐而不为呢?

1. 找个传话人来搭线

在办公室里,有些人喜欢在同事之间穿针引线传递各种信息。这种人普遍伶牙俐齿,善于察言观色,具有较强的处理交际关系的能力。朋友们,假如你懂得善用此类人的口,那你就能更好地把自己的需求传递出去,从而达成己愿。

2. 懂得引导周围的舆论

很多时候,身边的舆论就是我们求人办事的有力武器,只要我们能够合理利用、巧妙操纵,事情就能朝着有利于我们的方向发展。

3. 灵活运用是关键

当然,对于第三者的传话,也不能全然依赖,还要配合自己的临场观察、切身体验灵活利用。同时,还必须切实弄清这个第三者与听话人之间的关系。这一点非常重要,不然也许会使得效果适得其反。

给对方戴个高帽再拒绝,照顾对方情绪

相信每个人都明白,没有人是希望被拒绝的,通常情况下,一个人被拒绝之后,心里会产生落差,他会觉得他的言语或行为遭到了否定,甚至会有一种被遗弃的感觉。在这时,他急需一种愉悦的情绪,填补内心的落差,如果你在拒绝对方之

时，再加上几句对其赞美的话语，那将会非常完美。

早上，熬了一个通宵的陈女士还没起床，就被一阵敲门声吵醒了。她很不耐烦地起床，胡乱穿了一件睡衣就开了门，只见门外站着一个十七八岁的年轻女孩子，正犹豫着要不要继续敲门呢。陈女士上下打量了对方一番，发现这个女孩子穿着随意的T恤和牛仔裤，手提一个袋子，袋子封面上有"某某化妆品"的字样，一看这架势，应该就是上门促销的。

陈女士有些不耐烦："大清早的，怎么就上门推销东西了？"那女孩子态度很谦和："不好意思，姐姐，打扰你了，我是某某公司……""姐姐？"陈女士看着邋遢的自己，好像还把自己看年轻了，那女孩子谦逊的态度，让陈女士不好拒绝，但是她平时是最讨厌这种上门推销的业务员。她一边听那女孩子说产品，一边开始考虑到底怎么拒绝。

不一会儿，那女孩子就介绍完了产品，然后试探性地问："姐姐，你平时用化妆品吗？"果然，马上就转到正题了，陈女士摇摇头说："我白天晚上这样忙，哪里有时间去护肤呢，不过，说实在的，我可是很羡慕像你这样年纪的女孩子，皮肤好，身材好，那可是我做梦都想回去的年纪，可惜已经回不去了。"女孩子害羞得红了脸，说道："其实，姐姐看起来也很年轻的。"陈女士笑了笑，说道："像你这样的女孩子就是好，我的女儿也就你这般年纪，现在正在上大学，青春真是无限好，如果我女儿在家就好了，估计她会对你的化妆品感兴趣。可是，现在我的女儿不在家，像我这样的老太婆，已经用不着了，下次我女

第14章
避开雷区,优雅拒绝,学会"说不"的艺术

儿回来了,一定欢迎你上门推销,好吗?"没想到这样一说,那女孩子一点也不泄气,反而很有礼貌地说:"不好意思,姐姐,打扰你了,再见!"说完,就告辞了。

在案例中,陈女士想拒绝上门推销化妆品的女孩子,但看着对方谦和的态度,又不忍心拒绝。怎么样拒绝才不至于让对方不难以接受呢?她先是赞赏了对方值得羡慕的年纪,这样"抬高"立即给对方带来了好心情,然后再适时拒绝,这样的方式令对方很容易就接受了。

人总是这样,当他重新捡回了一个苹果,即便是他已经丢失了一个橘子,但他内心却还是非常愉悦。

所以,在拒绝对方的时候,我们要善于用抬高的方式来拒绝别人。

当然,使用这一心理策略拒绝他人,还需要我们掌握一些操作细节:

1.抬高对方的"好意"

比如,对方发出游玩的邀请,或赠送礼物等,而你出于某种原因需要谢绝时,要称赞和感谢对方的热情友好,表示非常高兴接受这份心意。如:"你对我非常关心。你这番心意我领了!""谢谢你的好意!"

2.抬高对方的"能力"

例如,当上级为对方布置了一项工作任务,而对方却请求你为他完成,你就可以这样拒绝:"我对这一块很不熟悉,也没做过类似的工作,王总正是因为了解你能胜任它,才把这个

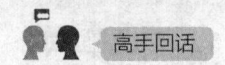

任务交给你的！"

3.抬高对方的"品质"

比如，如果你要拒绝异性的求爱，你可以说："在认识你以前，我就知道你是个很好的人。你在学校的时候，就一直是很多女生心中的偶像；在工作单位中，你也是……但是对不起，让你失望了！"这些话绝不是可有可无的。没有它，将使你显得高傲和不近人情，因此，为不能满足对方的愿望而致歉是非常必要的。

每个人都需要真诚的赞美，赞美是鼓励，赞美如阳光，在拒绝他人前，若能先抬高别人，对方接受起来便会容易得多。

第 15 章

顺势而为,引导对方心甘情愿按你的思路走

巧妙暗示,让对方不知不觉按照你的指引做选择

生活中,我们经常会遇到这样的一种难题:我们苦口婆心地劝说某人选择某项事物,但对方却因为心存疑虑而不愿意此时,我们该怎么办?不少人此时可能采取强迫的态度让对方选择,但最终事与愿违。其实,我们完全可以操纵对方的选择,这往往需要我们能熟练使用暗示法。

曾经有一个关于A箱和B箱的实验在电视上播出,演示者的目的是让大家更理解暗示在沟通上的重要性。

"请你想象一下,这里有两个箱子,A箱和B箱。"演示者用手势指示了两个想象的箱子的位置,"请你凭直觉立刻选择其中一个箱子。"

被要求的人会立刻回答说:"嗯,A箱。"

"为什么选择A箱?"

"没什么,就是觉得……"

演示者带着微笑,非常理解地点头:"你以为是自己选择了A箱,其实不然——是我叫你'选择'的A箱。"

"你叫我选的?什么意思呢?"

后来很多演示者都做过这样的心理控制实验,总是有很多志愿者参加。其实我们也可以轻易让对方选择你所指定的箱

第 15 章
顺势而为，引导对方心甘情愿按你的思路走

子，秘密就在于你用手势指示箱子位置时，可以先用左手指示"这里有A箱"，再用右手指示"这里有B箱"。然后放下双手，接着问："如果要立刻选择的话，你会选择哪一个？"而在说到"立刻"时，要大胆举起左手指示"A箱"的位置。如此，"A箱"的印象就会跳进对方的潜意识里，当对方用直觉选择时，"A箱"较容易浮现在脑海。当然，对方在意识上完全不会察觉，所以会以为是自己无意中的选择。

这种沟通的方式就是一种暗示，生活中有大量的话不用直接说出来，而可以用暗示的方法表达。那么，我们该怎样利用暗示法影响他人的选择呢？

1. 语言暗示法

这是最普遍的暗示方式。暗示的语言首先要精练，不能用复杂的语言进行描述，因为人的潜意识一般不懂得逻辑，喜欢直来直去。其次，一定要使用积极、肯定的语言，用肯定句进行暗示，消极的语言暗示恐怕只会适得其反。

2. 动作暗示

人的肢体做出的各个动作，是人的第二语言，在表达的时候比语言更有效。因为人的一举手、一投足，都能表现特定的立场，表达特定的寓意。"A箱和B箱"这一表演便是动作暗示得到的结果。

就拿手来说，手的动作更能起到间接沟通的作用：如果对方伸出手来表示想与你握手，而你也伸出一只手握住它，那就暗示了你的交往诚意；若你伸出两只手紧握它，那就暗示了你

的热情；若是你懒懒地握对方的手，或者干脆手也舍不得伸出去，那就意味着你不想与他交朋友。

3.眼神暗示

正如人们常说的，眼睛是心灵的窗户。如果对方在表达意见时，你双目发光，瞳孔放大，表明你对对方说的话很感兴趣，并赞同。而如果你的眉毛挑高，眼睛四处张望，表示了你对对方意见的不屑……

可见，在日常生活中，我们要学会暗示，掌握一些暗示的方法，这样，我们便能轻松影响甚至掌控他人的选择和决定。

曲径通幽，一步步让对方接纳

现实生活中，我们发现，我们会遇到这样一种情况：我们的说服对象十分固执，无论我们拿什么理由来验证观点，他们总是能说出个一二三四，根本不考虑别人的意见。倘若我们与这样的人意见不同，即使你与他争执，你也很难占上风，因为他根本不给你反驳的机会。但若你能抓住其心理特点，采取曲径通幽的方式，那就会容易很多。

所谓曲径通幽，指的是在说服他们的过程中，首先隐藏好自己，不要让他看出你的企图，然后对其恭维一番，把他放到一个较高的位置上。这样，他们内心的抵抗情绪就会小很多，其态度往往容易转变。

第15章
顺势而为，引导对方心甘情愿按你的思路走

毕加索的妻子弗朗索瓦兹·吉洛特很喜欢绘画，而且在画画的时候不喜欢被别人打扰。一次，儿子小科劳德想让妈妈带他出去玩，可吉洛特已全身心投入到绘画上，听到敲门声和儿子的喊声，只是回应了一声"哎"，之后接着埋头作画。儿子没放弃，接着又说："妈妈，我爱你。"可得到的回应也只是"我也爱你呀，我的宝贝儿"，门却并没有打开。儿子又说："我喜欢你的画，妈妈。"吉洛特高兴了，她回答"谢谢！我的心肝儿，你真是个小天使"，但是仍旧没有开门。儿子又说："妈妈，你画得太好看了。"这时吉洛特停下笔，却仍然没有开门的意思。儿子继续说："妈妈，你画得比爸爸画得还好。"吉洛特知道，自己的画肯定不及丈夫，但儿子的话却让她心花怒放，她也从儿子那夸张的评价中感到了儿子的急切心情，终于把门打开了，答应陪儿子一块出去玩儿。

例子中的小科劳德正是用曲径通幽的办法敲开了专心作画的母亲的门。其实，现实生活中，对于那些固执的人，我们也可以运用这种方法敲开对方的心门。

1. 先找到共同的话题

面对不熟悉的人，一开始最好不要太过直白地表明自己的目的，而应该先谈谈其他方面，诸如新闻、体育、娱乐等方面，从中找到共同点。当对方对你产生好感后再巧妙地过渡到正题上，这样往往会取得更好的效果。

2. 注意运用容易为对方所接受的说法

有时候，我们发现，即使意思相同的两句话，其表达方式不

同，听者的感受也会不同。因此，在表达前，我们最好做一番推敲，尽量让我们所说的话让对方感受到亲切、自然，而不是生硬。

可能你会认为"曲径通幽"需要消耗大量的时间，但实际上，时间恰恰是我们打好这一战的有力武器，因为任何人都不想浪费时间，也耗不起时间。所以，只要你能克制住自己，摆出一副"打持久战"的架势，对方最终便会妥协。所以，你一定要沉住气，耐心地牺牲一点时间，成功就会等着你！

以退为进，运用迂回策略说服对方

生活中，有时候，我们正面说服的结果似乎总是事与愿违。我们可能忽视了一点，那就是人们都有逆反心理，我们越是与之争辩，越是费尽口舌劝服，他们越是不肯听从我们的建议，此时，我们要想达成说服目的，只有从其他方面入手。假如我们能先退一步，采用迂回的方法，或从侧面，或步步为营，通过潜移默化的方式影响对方，那么，对方接受起来可能会容易得多。

后唐庄宗李存勖是一个昏庸无道的君主，他极爱打猎。有一次，他带领人马杀气腾腾来到中牟县打猎。中牟县令闻讯赶忙前去迎驾。县令跪在庄宗马前，为民请命，希望在打猎时不要践踏农民的庄稼。庄宗大怒，呵斥县令道："你给我滚开！"

第15章
顺势而为，引导对方心甘情愿按你的思路走

伶官敬新磨见势不妙，便带领他的人员把县令捉至庄宗面前，斥责他说："你身为县令，难道不知道我们的天子爱打猎吗？"

县令低着头说："知道。"伶官道："既然知道，你为何要放纵你的百姓种田来向皇上缴纳赋税？为什么不让你的百姓饿着肚子，把田让出来给皇上打猎？你说，该当何罪？"说完，便恳请庄宗杀掉县令。其他伶人也一齐附和道："请君王让我们把他杀掉！"

庄宗听后置之一笑，要大家放了县令。

这则故事中的伶官是个智者，面对昏庸无道的皇帝即将杀害忠臣良将，他并没有直接阻止，因为这样做的结果只会是给自己也招来杀身之祸。此时，他选择了反问式的幽默，从反面提问："你为何要放纵你的百姓种田来向皇上缴纳赋税？为什么不让你的百姓饿着肚子把田让出来给皇上打猎？"很明显，这个问题的答案是利于这位县令的，于是，庄宗自己得出了正确的结论，放了县令。

当然，说服的迂回策略有很多，除了反问这一语言策略外，还有以下几种：

1. 提问

在一次集体活动中，当大家风尘仆仆地赶到事先预订的旅馆时，却被告知当晚因工作失误，原来订好的套房（有单独浴室）中竟没有热水。为了此事，领队约见了旅馆经理。

领队：真不好意思，这么晚还给您打电话，但我们走了这么远的路，一身的汗，不洗澡怎么睡觉呢？请您谅解一下。

经理：这事我也没有办法。这么晚了，这些锅炉工也回家了。不过，这附近倒是有个集体浴室，我觉得你们可以去那里洗。

领队：是的，我们可以自己掏钱去外面的集体浴室洗，但我必须声明的一点是，因为我们住的是带单独卫浴的套房，这个标准是每人150元一晚上，而假若我们去集体浴室的话，那么，我们只会按照到同一水平也就是一人50元付费了。

经理：那怎么能行？

领队：很简单，那只有给套房供应热水。

经理：我没有办法。

领队：您当然有办法！

经理：你说有什么办法？

领队：您有两个办法。第一是把锅炉工叫来给我们烧热水；第二是您亲自提着两桶热水来为我们服务。当然，我们一定会保持耐心，我也会劝大家等您来的。

当然，这位经理并不笨，他当然会选择第一个方法，于是，40分钟后每间套房的浴室里都有了热水。

2. 正话反说，激起对方的挑战欲

人们都有不服输的逆反心理，越是被否定，越是要证明自己。因此，我们不妨反其道而行之，正话反说，这能激起对方的挑战欲，从而达成劝服目的。

勾践出兵伐吴，半路上遇见一只眼睛瞪得大大的，肚子鼓得圆圆的，好像在发怒的大青蛙。勾践于是手扶车木，向青蛙表示敬意。手下人不解，问其缘故，勾践说："青蛙瞪眼鼓肚，怒气冲天，就像一位渴望战斗的勇士，因此我对它敬重。"全军将士都想：我们受大王恩惠多年，难道还不如一只青蛙？于是相互劝勉，抱着坚定的信念，此战大获全胜。

总之，说服他人的过程中，在正面劝解无效的情况下，采用迂回策略步步引导对方，将会使你在沟通中无往不利。

掌控全局，引导对方认可我们的观点

我们都知道，在说服他人的过程中，我们只有掌握整个谈话的局势，才能引导对方跟着你的思维走，最终达到我们的说服目的。然而，我们该怎样把握整个沟通的局势呢？其实，我们可以通过提问来引导对方的思路，在一问一答中，我们便能把观点植入到对方的思维中。相反，毫无悬念地陈述，对方很容易分散注意力，更别说最终认可我们的观点了。

当然，要让这一方法百试百灵，我们必须还得掌握几点小技巧：

1. 事先了解，不打无准备的仗

说服工作绝对不能打无准备之仗，为此，我们最好事先设计好对话脚本，比如要问哪些问题、对方可能给出怎样的答案等，我们都要进行事先规划。这样，对于对话中可能出现的意外状况，我们也能给出第二套方案，不致乱了方寸。

2. 巧妙过渡，将提问的重点转移到我们要说服的关键问题上

在提出一系列问题后，我们需要巧妙地将话题转移到要说服的核心问题上。例如："阿姨，我听天气预报说未来几天又有冷空气来袭，今年冬天确实比往年冷得多。您岁数大了，更要注意身体，尤其是冬天，一定不能忽视了保暖问题，否则一不小心就容易感冒、头疼。您看一下这件羊毛裤，它既暖和又舒适，而且非常耐穿……"

3. 有所避忌，有些问题不可问

在与对方谈话的时候，有的话题是需要有意回避的：

不要问及对方的花费，比方说别人送礼的价值或请客所花的费用，这会让人觉得你在刺探他的经济能力或者怀疑他送礼的心意。

不可问收入。

不可问别人如何支配金钱。

不可问别人工作上的机密。

总之"己所不欲，勿施于人"，凡是你不想让人知道的事，你也应该避免询问对方。谈话的目的在于引起对方的兴趣，而不是使任何一方扫兴。我们要多提令对方感兴趣的话题，这些话题可以说俯拾皆是，关键在于要能够依照特定的情境去发掘，并且恰到好处地运用！

参考文献

[1]高文斐.回话的技术[M].长春：吉林文史出版社，2019.

[2]宋犀堃.回话的技术：会说话，更要会回话[M].成都：成都地图出版社，2018.

[3]吴学刚.回话的技术[M].芒市：德宏民族出版社，2019.

[4]林思诚.好好接话：会说话是优势，会接话才是本事[M].南京：江苏凤凰美术出版社，2019.